Collection Fournier

CATALOGUE

DES ANCIENNES

PORCELAINES

DE SÈVRES, DE SAXE, DE CHINE ET DU JAPON

OBJETS

D'ART ET DE CURIOSITÉ

COMPOSANT LA COLLECTION

De feu M. FOURNIER Père

ET DONT LA VENTE AURA LIEU

HOTEL DROUOT, SALLE N° 8

Les Lundi 2, Mardi 3, Mercredi 4, Jeudi 5 et Vendredi 6 Mars 1885,

A DEUX HEURES.

Par le ministère de **Mᵉ PAUL CHEVALLIER**, Commissaire-Priseur,
10, rue de la Grange-Batelière,

ASSISTÉ

De **M. CHARLES MANNHEIM**, Expert, 7, rue Saint-Georges :

Chez lesquels se trouve le présent Catalogue.

EXPOSITIONS

PARTICULIÈRE	PUBLIQUE
LE SAMEDI 28 FÉVRIER 1885	LE DIMANCHE 1ᵉʳ MARS 1885

DE UNE HEURE A CINQ HEURES.

CONDITIONS DE LA VENTE

La vente sera faite au comptant.

Les acquéreurs payeront cinq pour cent en sus des enchères.

L'exposition mettant le public à même de se rendre compte de l'état des objets, il ne sera admis aucune réclamation une fois l'adjudication prononcée.

Paris. — Typ. Pillet et Dumoulin, 5, rue des Grands-Augustins.

Q_{UEL} *joli chapitre d'histoire de la curiosité il y aurait à écrire sous ce titre :* Le père Fournier et son temps.

Il y a de cela quarante ans et plus, les collectionneurs avaient la foi, le feu sacré, la passion sincère et désintéressée des objets d'art. Ils recherchaient les choses rares non pour en tirer profit, mais simplement satisfaction personnelle et gloire dans leur petit cénacle. La vente avant décès n'existait pas alors ; chacun gardait précieusement ses trésors. Mais ce sont là des temps bibliques déjà bien loin de nous.

Cependant le père Fournier avait traversé cette époque. Il appartenait à une génération presque tout entière disparue. Il fut de ce groupe de marchands qui, par leur honnêteté et leur travail, contri-

buèrent à donner un grand essor au commerce du bibelot, et qui s'étaient installés sur le boulevard Beaumarchais, que l'on aurait pu à juste titre appeler depuis le boulevard de la Curiosité.

Il vint de son pays à quinze ans, vers 1820, pour tenter fortune dans la grande ville. Dès qu'il eut réalisé quelques économies, à force de privations et de persévérance, il s'établit à son compte, loua pour ses débuts une boutique quai des Orfèvres, n° 56, et se mit à suivre assidûment, à l'Hôtel de la rue des Jeûneurs, les grandes ventes de l'époque, Hope, de Montebello, lord Pembrocke et bien d'autres, dont les enchères vibrent encore, et qui ont jeté tant de merveilles dans la circulation.

Vers 1846, Fournier, qui avait vu prospérer sa maison et dont la clientèle augmentait sans cesse, vint se fixer au Faubourg-Montmartre, qu'il ne quitta plus jusqu'à sa dernière heure. C'est là que tous les collectionneurs de céramique ont pu, comme nous, apprécier pendant de longues années cette nature droite et loyale.

Il s'est traité de grosses affaires dans cette petite officine, qui avait ses habitués quotidiens! Mais, je puis l'affirmer hardiment, jamais aucun amateur

n'a pu regretter les achats qu'il y avait faits, et jamais
les conseils du marchand n'ont cessé un seul jour
d'être dictés par la plus entière franchise et par le
plus absolu désintéressement.

C'est aussi pour cela que spontanément nous
sommes venu trouver ses fils, qui font cette vente,
et nous leur avons offert d'écrire sur ces premières
pages cette courte préface, qui nous fournissait
l'occasion de rendre un hommage public à la mémoire
de leur père.

Mais nous sortirions de notre rôle en allant plus
loin et en indiquant aux amateurs les objets vers
lesquels ils doivent tourner leurs préférences. Cela
est du ressort de notre ami Ch. Mannheim, qui a
examiné avec le plus grand soin chaque objet et en
a fait, de concert avec M. Gasnault, une description
précise et savante. Le Catalogue édifiera donc les
acquéreurs aussi complètement que possible.

Cependant, en terminant, disons que ce n'est pas
une collection d'étude qu'a laissée Fournier ; c'est un
choix fait dans les ventes avec discernement par un
homme qui avait acquis une profonde expérience.
Il sera impossible de ne pas le reconnaître lors de
l'exposition, quand on verra, parmi les pièces de

Chine, cette belle potiche à fond noir, ces assiettes armoriées, ces tasses coquille d'œuf, ces deux statuettes en vieux blanc qu'il aimait tant et dont il ne voulut jamais se défaire ; et aussi lorsqu'on trouvera, au milieu des pâtes tendres, ces deux charmantes caisses à oignons et ce merveilleux petit pot pourri sur le fond rose duquel s'enlèvent en réserve des scènes empruntées à Téniers. Pour Fournier, la porcelaine de Sèvres était la première du monde. Profondément patriote, il ne voulut prêter que celle-là lors de l'Exposition universelle de 1878.

Disons un dernier adieu à tous ces objets qui furent le bonheur et la joie de sa vie, et qui vont se disperser au vent des enchères ; mais le temps n'effacera pas, dans la mémoire de tous ceux qui l'ont connu, le souvenir du brave homme qui avait formé cette intéressante collection.

Paul EUDEL.

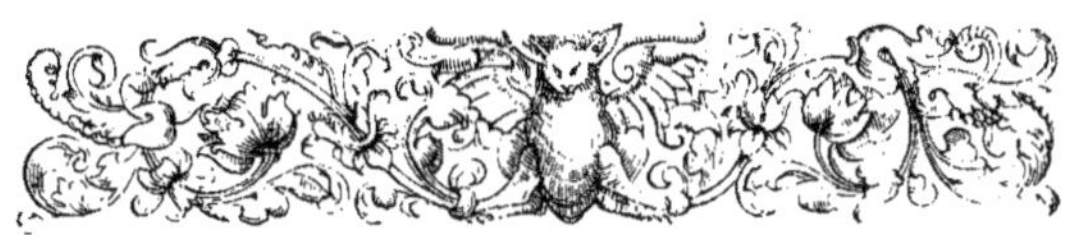

DÉSIGNATION

PORCELAINES TENDRES DE SÈVRES

1 — Pot-pourri à corps ovoïde, piédouche et couvercle
bombé à bouton formé par une fleur; le fond rose
est orné, sur la panse, d'un quadrillage fleuronné
bleu avec un pois doré aux points d'intersection;
sur le pied, d'œils-de-perdrix et de palmes en bleu à
rehauts d'or; sur la face, un médaillon encadré
d'or contenant un sujet : des buveurs, dans le
genre de Téniers; au revers, médaillon de même
forme contenant un paysage; l'épaulement réservé
en blanc est percé d'ouvertures ovales à encadrements de rocailles et de palmettes en relief et
dorées, reliées par des guirlandes de fleurs; le
couvercle, fond rose à œils-de-perdrix et quadrillages bleus, est percé d'ouvertures analogues.

Haut., 0.20; diam., 0.12.

2 — Pot-pourri de même forme que le précédent, bordé de filets bleus striés d'or; sur la panse et le pied, des bouquets polychromes; sur l'épaulement, des palmettes percées à jour et bordées de filets bleus et or; le couvercle percé de palmettes semblables est surmonté d'un bouton formé par un œillet jaune strié de rouge. — 1766.

Haut., 0.21; diam., 0.12.

3 — Deux petites jardinières en forme de piédestal quadrangulaire renflé à la partie inférieure; bordure de filets et dentelles dorés; sur les faces principales de l'une, un enfant portant une gerbe et une faucille; sur l'autre, une jeune fille tenant des fleurs; sur les autres faces, des attributs agrestes. — 1756. — Décor de *Vieillard*.

Haut., 0.14; diam., 0.09.

4 — Grand vase à corps ovoïde, piédouche, col légèrement évasé à ouverture cylindrique, fermée par un couvercle bombé à bouton doré; décor de godrons en spirale fond bleu rayé d'or. — Vincennes.

Haut., 0.37; diam., 0.16.

5 — Jardinière ovale, lobée, renflée à la base et à piédouche; fond vert décoré de branches de laurier

dorées; sur chaque face, un médaillon en réserve, encadré de palmes et fleurs en or, et contenant des fleurs et des fruits polychromes. — Sans date.

Haut., 0.16; long., 0.31.

6 — Paire de corbeille à quatre lobes, à bord chantourné et à parois formées par des imbrications entrelacées et ajourées, bordées de filets roses et or. — 1756.

Haut., 0.08; diam., 0.23.

7 — Tête-à-tête, composé de deux tasses, une théière et un sucrier placés sur un plateau oblong à quatre lobes; fond gros bleu bordé de filets d'or, et bordure en réserve, à pendeloques et fleurons en émaux de couleurs sur paillons sertis d'or. — 1783. — Décor de *Prévost*.

Haut., 0.12; long., 0.27.

8 — Solitaire composé d'un pot à crème, d'un sucrier forme cul de poule à couvercle surmonté d'une fleur et d'une tasse ovoïde à anse avec sa soucoupe, sur un plateau oblong à six lobes; bords dorés de dents de loup; fond gros bleu et médaillons en réserve encadrés de guirlandes de feuilles de

chêne en or, et renfermant des oiseaux perchés sur des branchages. — 1768. — Décor d'*Alonele*.

Haut., 0.12; long., 0.28; diam., 0.22.

9 — Tasse trembleuse couverte à anse, formée par deux rinceaux entrelacés, et soucoupe, à large bordure, fond gros bleu à partie centrale réservée, à bords festonnés et contenant des guirlandes; entre deux, galons fond rose décorés de lauriers dorés. — 1779. — Décor de *Barrat*; ors de *Chauvaux fils*.

Haut., 0.10; diam., 0.15.

10 — Tasse cylindrique à anse, et soucoupe, fond vert, à bord de dents de loup dorées et décor d'arabesques et guirlandes en or; sur la face de la tasse et au fond de la soucoupe, médaillons à encadrements laurés en or, et contenant des sujets à personnages : sur la tasse : *la Vendangeuse*, dans la soucoupe : *la Marchande d'œufs*. — 1766.

Haut., 0.07; diam., 0.145.

11 — Tasse cylindrique, à anse et soucoupe, fond vert, à bordure d'or composée de rinceaux, palmes et guirlandes; médaillon encadré d'or, contenant un sujet maritime de *Prévost*, ors de *Théodore*. — 1779.

Haut., 0.05; diam., 0.135.

12 — Tasse cylindrique, à anse et soucoupe, fond gros
bleu, bordées d'un filet et d'une guirlande de chêne
en or; sur la face de la tasse et au fond de la soucoupe, médaillon encadré d'un filet d'or et contenant un paysage par *Boucher*. — Vincennes.

Haut., 0.65; diam., 0.07.

13 — Petite tasse ovoïde, à anse en S, à bord de dents
de loup dorées, fond rose à médaillon en réserve,
encadré de rinceaux et de fleurs en or, et contenant
des oiseaux sur terrasse, par *Bardet*. — Vincennes.

Haut., 0.04; diam., 0.09.

14 — Tasse ovoïde, à anse et soucoupe, à bordure
d'ornements et guirlandes en or; sur la face de la
tasse et au fond de la soucoupe, médaillon encadré
d'un filet doré et contenant des oiseaux perchés
sur des arbrisseaux, par *Chapuis* et *Evans*. — 1765.

Haut., 0.08; diam., 0.15.

15 — Tasse ovoïde, à anse et soucoupe, à bord de
dents de loup dorées, et décor de bandes lobées
fond gros bleu, à rinceaux d'or, entre lesquels sont
jetés des groupes de fleurs, par *Bardet*. — 1751.

Haut., 0,06; diam., 0.135.

16 — — Plateau oblong, à bord lobé et doré de dents de
loup, et deux anses en poignée rattachées par des
palmettes dorées; bordure fond gros bleu, quadrillé d'or, sur lequel serpente une guirlande de
laurier en or; au fond, des galons étroits, entrelacés, forment un treillis à ouvertures arrondies. —
1769.

Long., 0 32; diam., 0,25.

16 *bis* — Tasse à anse assortie, ovoïde, et soucoupe.
Sans date.

Haut., 0,06; diam., 0,23.

17 — Tasse cylindrique, côtelée, à anse et culot arrondi,
et soucoupe à bords dentelés et dorés; bordure fond
gros bleu, décoré en or, et formant de petites arcades soutenues par des espèces de colonnes composées de trois filets roses, autour desquels s'enroule un filet d'or; dans les intervalles, pendent
des guirlandes de fleurs et feuillages. — Décor de
Thévenet. — 1762.

Haut., 0,07; diam., 0,14.

18 — Tasse, de même forme et décor analogue, où les
colonnes sont accouplées et les guirlandes entre-
croisées.

Haut., 0,07; diam., 0,14.

19 — Assiette à bords lobés et dorés; sur le marli,
bordure fond gros bleu caillouté d'or, à trois réserves encadrées de rinceaux d'or et contenant des
fleurs; au centre, un bouquet de fleurs et fruits. —
Marque de décorateur inconnue, ✳ d ✳ ℵ. — 1760.

Diam., 0.24.

20 — Assiette, à bords lobés et dorés; sur le marli,
bordure fond rose, à œils-de-perdrix ponctués de
bleu, à point central en or; au fond, un paysage en
camaïeu bleu avec deux enfants, dont les chairs et
les cheveux sont teintés aux couleurs naturelles. —
1789.

Diam., 0.25.

21 — Deux seaux à rafraîchir, ovoïdes, à piédouche et
deux anses latérales, en forme de coquilles rattachées par des palmettes en bleu et or; le bord, légèrement évasé, porte trois filets bleus reliés de
distance en distance par des feuillages dorés. — Décor de bouquets de *Levé*; ornements de *Baudouin*.
— 1773-1774.

Haut., 0.23.

22 — Solitaire, composé d'une tasse ovoïde à anse,
sans soucoupe, d'un sucrier et d'un pot à crème à

trois pieds, sur un plateau rectangulaire à quatre
pieds; décor de quadrillages formés par des galons
gros bleu et or; dans les intervalles, des fleurs détachées. — Décor de *Tandart*. — 1757-1758.

Long. du plateau, 0,24.

23 — Plaque rectangulaire à bordure dorée en relief,
encadrant un paysage avec personnages. — Décor
de *Boucher* et *Baudouin*. — Vincennes.

Long., 0,20.

24 — Plateau ovale à bord lobé et doré, et tasse cul
de poule à anse formée par deux rinceaux entrelacés, et soucoupe à cinq lobes; bordures formant
lambrequins fond bleu turquoise à ornements
dorés; décor de guirlandes et bouquets soutenus
et rattachés par des rubans bleus noués, par *Binet*.
— 1760.

Long., 0,24; diam., 0,17.

25 — Plateau oblong à bord lobé à dents de loup
dorées et extrémités relevées, portant une tasse
cul de poule à anse double entrelacée, et petit
sucrier de même forme à couvercle surmonté d'une
fleur; décor de bandes bleu turquoise entre-

croisées, bordées d'un filet doré entourant des guirlandes de fleurs. — Décor de *Taillandier*. — 1757.

Long., 0.27 ; diam., 0.14.

26 — Tasse trembleuse à anse double entrelacée, et
soucoupe, fond gros bleu décoré en or, avec médaillons en réserve contenant des bouquets, de
Cornaille. — 1790.

Haut., 0.095 ; diam., 0.15.

27 — Tasse trembleuse analogue ; dans les médaillons,
des guirlandes rattachées par des nœuds de ruban
lilas, de *Cornaille*. — 1764.

Haut., 0.095 ; diam., 0.15.

28 — Tasse cul de poule à anse double entrelacée, et
soucoupe, à bord de dents de loup dorées, et médaillon en réserve à riche encadrement de rinceaux
et quadrillages dorés, contenant des oiseaux perchés sur des arbrisseaux. — Sans date ni marque
de décorateur.

Haut., 0.06 ; diam., 0.12.

29 — Pot à lait ovoïde à ouverture s'évasant en déversoir et anse double entrelacée, fond vert, à médaillons en réserve encadrés de fleurs et rinceaux

d'or, et contenant des paysages avec oiseaux perchés sur des arbrisseaux. — 1756.

Haut., 0,11.

30 — Tasse ovoïde à anse, et soucoupe à bord doré, décorées de bandes fond rose portant deux tiges dressées de feuillages dorés, séparées par des filets bleus; entre ces bandes, trois rangs superposés de hachures alternativement pourpre et or.

Haut., 0,055; diam., 0,14.

31 — Tasse ovoïde à anse, et soucoupe, à bord de dents de loup dorées, décorées de larges bandes fond vert, lobées, bordées et coupées par de légères guirlandes dorées en spirales; entre ces bandes, des bouquets peints par *Binet*. — 1756.

Haut., 0,55; diam., 0,013.

32 — Pot à crème cylindro-ovoïde, à anse et couvercle surmonté d'une fleur; fond vert, à médaillon de fleurs par *Parpette*, encadré de palmes et fleurs en or. — 1774.

Haut., 0,06.

33 — Très petite tasse campanulée à anse, et soucoupe, à bord doré, fond bleu portant une guirlande de

feuillages dorés et un médaillon contenant un bouquet de roses, par *Barrat*. — 1776.

Haut., 0.025 ; diam., 0.075.

34 — Pot à rouge, de forme campanulée, fond vert tendre, à médaillon encadré de palmes dorées et contenant un bouquet par *Mme Nouailhier*, née *S. Durosey*. Marqué *Sèvres*. — Sans date.

Haut., 0.03.

35 — Dé à coudre, bordé de filets dorés et décoré de roses semées.

Haut., 0.02.

36 — Très petite tasse campanulée, à anse en S, et soucoupe, à bord de dents de loup dorées ; décor de bouquets détachés, par *Bulidon*. — 1765.

Haut., 0.025 ; diam., 0.06.

37 — Pot à pommade cylindrique, à couvercle surmonté d'une fleur, fond bleu turquoise, à médaillons en réserve, encadrés d'or et contenant des bouquets, peints par *Tandart*. — Sans date.

Haut., 0.065.

38 — Sucrier cul de poule, à couvercle bombé, sur-

monté d'une fleur, fond bleu turquoise, à médaillons encadrés d'ornements dorés et contenant des bouquets, peints par *Mérault jeune*. 1757.

Haut., 0,09.

39 - Sucrier ovoïde, à couvercle surmonté d'une fleur, décoré en bordure d'une guirlande symétrique de rinceaux, à feuillages et fleurs de marguerite alternativement rose et bleue, courant entre deux rangs d'ornements et guirlandes dorés. - Décor de *Mérault jeune*. - 1773.

Haut., 0,10.

40 Petit sucrier ovoïde, à bord de dents de loup dorées, fond gros bleu, à médaillons encadrés de fleurs en or et contenant des oiseaux portant des tiges fleuries. Vincennes.

Haut., 0,05.

41 - Tasse ovoïde à anse, bord de dents de loup dorées, fond gros bleu, à médaillon encadré de rinceaux et fleurs d'or, et contenant des oiseaux, par *Mouele*. 1771.

Haut., 0,06.

42 - - Soucoupe, à bord de dents de loup dorées, fond gros bleu; au fond, dans un encadrement de rin-

ceaux et fleurs d'or, un paysage sur terrasse où l'on voit une enfant assise et tenant une cage. - Décor de *Vieillard*. 1756.

Diam., 0.14.

43 — Deux assiettes, à bords lobés et dorés avec filets et fleurons en relief; le marli est décoré d'un fond vert portant trois médaillons oblongs en réserve, et cadrés de rinceaux et fleurs en or, et contenant des bouquets, par *Chevalier*; au centre, des oiseaux sur terrasse avec arbustes. - Vincennes.

Diam., 0.25.

44 — Paire de flambeaux, composés d'un fût de colonne torse autour duquel s'enroule une guirlande de fleurs, et d'une base quadrangulaire, décorée de deux filets bleus reliés par des rinceaux dorés. — Décor de *Pierre le jeune*. - Monture en bronze ciselé et doré.

Haut., 0.15.

45 — Grande tasse obconique, à deux anses et soucoupe, à bord de dents de loup dorées, fond gros bleu; sur chaque face de la tasse et au fond de la soucoupe, médaillon en réserve, à riche encadre-

ment d'ornements et fleurs en or, contenant un
paysage, par *Mérault aîné*. — 1756.

Haut., 0,10; diam., 0,21.

46 — Tasse de même forme, à couvercle surmonté
d'une fleur, et soucoupe, fond d'œils-de-perdrix
pointillés en bleu, et réserves triangulaires symétriques, superposées et encadrées d'une palme
verte et d'une tige dorée, au milieu desquelles
est peinte une rose, par *Mérault jeune*. — 1758.

Haut., 0,115; diam., 185.

47 — Tasse et soucoupe de même forme, fond bleu
clair à œils-de-perdrix réservés en blanc et pointillé
de bleu foncé; médaillons contenant des amours et
des attributs peints en grisaille, encadrés d'un
filet doré et entourés de guirlandes de laurier. —
1769.

Haut., 0,115; diam., 0,185.

48 — Petite tasse ovoïde à deux anses et couvercle à
bouton formé par une fleur, et soucoupe, fond bleu
turquoise à médaillons en réserve encadrés de
fleurs en or et occupés par des bouquets peints par
Cornaille et Barre. — 1754-1755.

Haut., 0,065; diam., 0,95.

49 — Petite tasse ovoïde à anse, et soucoupe à fond de
losanges inscrits, alternativement striés de bleu et
pointillés d'or, bordés de filets rouges, et coupés
par des bandes en réserve, composées d'une suite
de médaillons ovales occupés alternativement par
des roses et des barbeaux et encadrées de guirlandes
de feuillages. — Décor de *Micaud*. — 1767.

Haut., 0,035; diam., 0,095.

50 — Tasse cylindrique à anse et soucoupe, bordures
à arcades fond bleu fleuronné d'or, entre lesquelles
se trouvent deux rangs de médaillons en forme de
cœurs, opposés, ornés de palmettes et fleurons en
pourpre et violet et encadrés de filets dorés et de
guirlandes de feuillages. — Décor de *Thévenet*. —
1765.

Haut., 0,65; diam., 0,135.

51 — Pot à pommade cylindrique arondi à la base, à
couvercle très légèrement bombé, surmonté d'une
fleur dorée; fond bleu turquoise, à médaillons en
réserve encadrés de rinceaux et fleurs en or et
contenant des fleurs en couronne, par *Léandre*. —
1760.

Haut., 0,09.

52 — Pot à pommade de même forme, fond vert, à médaillons encadrés de rinceaux et fonds partiels
dorés, et occupés par des oiseaux perchés sur des
arbrisseaux. — Décor d'*Aloncle*. — 1759.

Haut., 0.095.

53 — Paire de flacons piriformes, côtelés, à piédouche
et col allongé, fond vert. — Monture moderne en
argent.

Haut., 0.14.

54 — Tasse trembleuse à anse double entrelacée; bordure quadrillée de pourpre sur fond gris violacé ;
au-dessous, une bande lobée, bordée d'un filet
pourpre et or, auquel sont suspendues des guirlandes de laurier, et décorée de roses détachées et
de rosaces dorées sur fond bleu, autour desquelles
s'enroulent des guirlandes de feuillages dorées. —
Décor de *Micaud*. — 1768.

Haut., 0.085; diam., 0.15.

55 — Tasse trembleuse gobelet, et soucoupe, à bordure gros bleu rayée d'or; au-dessous, fond pointillé d'or cerné par des palmes vertes disposées en
poste, soutenant des guirlandes et reliant des médaillons fond gros bleu encadrés de rinceaux dorés

et occupés alternativement par un quadrillage et
par le chiffre entrelacé CR en or. — Décor de
Mérault aîné. — 1762.

Haut., 0.085 ; diam., 0.15.

56 — Tasse trembleuse à anse double entrelacée, et
soucoupe, à bordure de dentelles d'or et médaillons
encadrés d'un filet doré, et contenant des paysages
avec attributs rustiques, par *Vieillard.* — 1765.

Haut., 0.88 ; diam., 0.155.

57 — Tasse trembleuse, couverte, à anse double entrelacée, à bordure gros bleu et or ; au-dessous,
entre deux bandes composées de trois filets roses
autour desquels s'enroule un filet doré, une guirlande de laurier. — 1762.

Haut., 0.085 ; diam., 0.15.

58 — Tasse hémisphérique à anse, et soucoupe, côtelées, à bord dentelé et doré, fond vert à godrons et
cannelures réservés en blanc et bordés de filets
dorés. — 1772.

Haut., 0.05 ; diam., 0.12.

59 — Petite tasse ovoïde à anse et couvercle surmonté
d'une fleur, et soucoupe, décorés de bandes fond

rose bordées et divisées par des filets bleus entre lesquelles se dressent des tiges de laurier en or; entre ces bandes, trois rangs superposés de hachures alternativement pourpre et or. — Vincennes.

Haut., 0.04; diam., 0.09.

60 — Tasse cylindrique à deux anses contournées, fond quadrillé bleu et rouge; dans les intervalles, des pois bleus et rouges cernés d'or; sur chaque face, un médaillon encadré d'un large filet d'or et occupé par un paysage. — 1768.

Haut., 0.055.

61 — Tasse cul de poule à anse double entrelacée, et soucoupe à six lobes, à bord de dents de loup dorées fond bleu turquoise à réserves à bords lobés, ornés de fleurs d'or et guirlandes de fleurs par *Levé père*. — 1755.

Haut., 0.05; diam., 0.135.

62 — Sucrier ovoïde à couvercle légèrement bombé surmonté d'une fleur dorée, fond pavé d'or, bordure pointillée de bleu avec réserve festonnée contenant une guirlande de feuillages dorée. — Sans date ni marque de décorateur.

Haut., 0.105.

63 — Quatre tasses ovoïdes à anses et soucoupes à bords
de dents de loups dorées fond gros bleu et médaillon en réserves, encadré de rinceaux et de tiges
fleuries en or, contenant des oiseaux volant et
et portant des branchages. — Décor de *Chevalier,
Couturier, Evans, Moncle.* — 1750 à 1771.

Haut., 0,06 ; diam., 0,13.

64 — Tasse cul de poule à anse double entrelacée et
soucoupe à cinq lobes, à bord de dents de loup dorées ; fond rose entourant une réserve lobée enca-
drée de rinceaux et ornements dorés et contenant
des tiges fleuries. — Décor de *Fontaine.* — Vincennes.

Haut., 0,05 ; diam., 0,12.

65 — Grande tasse cylindrique à anse, et soucoupe, à
bords de dents de loup dorées ; décor de paysages
sur terrasse, avec oiseaux perchés sur des arbrisseaux, par *Evans* et *Yvernel.* — 1758.

Haut., 0,11 ; diam., 0,19.

66 — Grande tasse évasée à deux anses, et soucoupe,
bordées de filets dorés ; sur chaque face, un médaillon contenant un paysage avec sujet militaire ;
sur le bord de la soucoupe, trois médaillons de
forme allongée, à sujets analogues ; les médaillons

3

sont reliés par des guirlandes de laurier dorées.
Décor de *Vieillard*. — Vincennes.

Haut., 0.105; diam., 0.21.

67 — Vase à fleurs de forme évasée, à pied élargi et
deux anses latérales formées par une coquille et
rattachée par des palmettes dorées et rehaussées
de bleu; au bord et à la base, des filets bleus reliés
par des rinceaux dorés; décor de bouquets par
Noël. — 1771.

Haut., 0.12.

68 — Fromagère cylindrique à trois petits pieds et
deux poignées latérales: fond bleu turquoise; sur
chaque face, un médaillon réservé occupé par des
fleurs; le fond et les parois sont percés à jour de
trous et palmettes bordés de filets dorés. Décor
de *Levé père*. — 1755.

Haut., 0.05; diam., 011.

69 — Petite assiette à bordure bleue festonnée, cernée
par des rinceaux et des fleurs d'or, soutenant des
guirlandes polychromes; au fond, une rose. — 1770.

Diam., 0.18.

70 — Écuelle hémisphérique à deux anses formées de

rinceaux entrelacés, couvercle bombé surmonté
d'une tige de laurier à feuilles vertes et fruits d'or
formant poignée, et plateau à bords lobés ; décor
de bandes symétriques alternativement fond blanc
à trois rangs de hachures pourpre et or superposés,
et fond rose portant deux tiges dorées séparées
par des filets bleus. — 1754.

Diam. de l'écuelle. 0.13 ; diam. du plateau, 0.20.

71 — Tasse cylindrique à culot arrondi, anse contournée, et soucoupe, côtelées et à bords dentelés
et dorés ; fond gros bleu décoré de godrons et cannelures en réserve bordés de filets dorés. — Vincennes.

Haut., 0.07 ; diam., 0.135.

72 — Tasse cylindrique, à anse contournée, et soucoupe, fond gros bleu, décoré, en réserve, avec
rehauts d'or, de palmettes dressées au centre de
rinceaux entrelacés en couronne. — Vincennes.

Haut., 0.075 ; diam., 0.15.

73 — Tasse ovoïde à anse, et soucoupe, à bords dorés,
bordure fond bleu turquoise, sur lequel serpente

une guirlande de feuillages dorés; décor de guirlandes polychromes. La marque a été effacée.

Haut., 0,06; diam., 0,13.

74 — Tasse cylindrique à anse en S, et soucoupe à
bord doré; bordure de galons verts striés en dia-
gonale entre deux filets lilas fleuronnés d'or, et
guirlande laurée; sur la face de la tasse et au fond
de la soucoupe, médaillon à quatre lobes occupé
par un paysage, avec personnages et fabriques,
peint par *Vieillard*. — 1785.

Haut., 0,055; diam., 0,12.

75 — Saucière à deux anses latérales dorées et deux
déversoirs: fond gros bleu décoré de palmettes
dorées; à chaque extrémité, un médaillon, en
réserve, encadré d'acanthes dorées et contenant un
bouquet. — 1779.

Long., 0,235.

76 — Tasse hémisphérique à deux anses et couvercle
surmonté d'une branche de chêne dorée et formant
poignée, et soucoupe, à bords de dents de loup
dorées; décor de bouquets détachés en camaïeu
rose de *Bertrand*. — 1757.

Haut., 0,07; diam., 0,125.

77 — Tasse cylindrique à anse contournée et soucoupe, à bords dorés, et bordure composée d'une
guirlande de fleurs et d'un ruban bleu à picots d'or
entrelacés. Décor de *Tandart*. — 1768.

Haut., 0,65 ; diam., 0,155.

78 — Petite tasse cylindrique à anse, et soucoupe, à
bord de dents de loup dorées ; décor de bandes
parallèles : guirlandes de feuillages d'or entrelacées autour de roses détachées, alternant avec
des guirlandes de laurier vert à fruit rouge et de
fleurons lilas disposées en poste, par *Micaud*.
— 1768.

Haut., 0,042 ; diam., 0,105.

79 — Tasse ovoïde à anse ; bord de dents de loup dorées ;
fond gros bleu et médaillon en réserve encadré de
fleurs et palmes d'or, occupé par des oiseaux volant
et portant des branchages. — 1754.

Haut., 0,07.

80 — Tasse trembleuse à couvercle surmonté d'u
fleur, anse double entrelacée, et soucoupe, à bords
dorés et décor symétrique de rinceaux à grosses
fleurs en bleu rehaussé d'or, de *Fontelliau*. —
Vincennes.

Haut., 0,09 ; diam., 0,12.

81 — Sucrier, forme cul de poule, à couvercle dont le
bouton est formé par une fleur; fond vert décoré
de fonds partiels gros bleu à œils-de-perdrix
ponctués d'or, et médaillons de paysages par
Gomery. — Vincennes.

Haut., 0,09.

82 — Deux tasses gobelets à bord doré, légèrement
évasé, et soucoupes; décor de bouquets détachés
par *Fontellian*. — 1756.

Haut., 0,08; diam., 0,15.

83 — Sucrier ovoïde, à couvercle bombé dont le
bouton est formé par une fleur dorée; fond pavé
d'or et bordure fond bleu décoré de guirlandes et
de petites rosaces en or.

Haut., 0,09.

84 — Trois assiettes à bords lobés et dorés, décorées,
sur le marli de fonds partiels gros bleu quadrillés
d'or alternant avec des couronnes et surmontés de
rinceaux entrecroisés pourpre et or en relief; au
centre, une couronne

Diam., 0,245.

85 — Assiette à bord lobé et doré, et marli fond gros
bleu caillouté d'or avec trois réserves oblongues,

lobées et encadrées d'ornements dorés, occupées
par des fleurs ; au centre, un groupe de fruits et de
fleurs. — Décor de *Levé père*. — 1760.

Diam., 0.24.

86 — Assiette à bords lobés et dorés, et marli fond bleu
turquoise, à trois réserves occupées par des oiseaux
dans des paysages, et reliées par des guirlandes de
feuilles de chêne dorées ; au centre, un groupe de
trois roses au milieu d'un cercle d'or autour duquel
s'enroule une légère guirlande de feuillage. —
Vincennes.

Diam., 0.24.

87 — Deux assiettes à bords lobés et dorés, et marli
fond bleu turquoise, bordé de rinceaux en relief, et
pourtant trois réserves encadrées de fleurs et ornements en or et occupées par des oiseaux dans des
paysages ; au centre, un groupe de fruits et de fleurs.
— 1758.

Diam., 0.245.

88 — Assiette à bords lobés et dorés ; sur le marli, une
bordure fond rose, coupée par trois médaillons
ovales encadrés d'or et contenant des bouquets de
barbeaux, et décorée de petits médaillons en ré-

serve entourés de perles d'or et contenant des
fleurs, entre lesquels serpentent des colliers de
perles rattachés par des bouquets de fleurs jaunes
formant pendentifs. — Au centre, un médaillon analogue. — Décor de *Huny*; ors de *Vincent*. — 1783.

Diam., 0.24.

89 — Assiette creuse à bords lobés et dorés et étroite
bordure de filets d'or entrelacés entourant des
points ovales bleus; sur le marli, des vases bleu et
or contenant des fleurs, et reliés par des guirlandes; au fond, le chiffre DB, enlacé, le D est formé
par des rinceaux dorés, le B, par des guirlandes
de fleurs. — Décor de *Pierre jeune*. — 1770. (Service de Mme du Barry.)

Diam., 0.24.

90 — Plaque rectangulaire, à bord doré formant encadrement; au centre, un paysage peint par *Gomery*.
— 1761.

Long., 0.22.

91 — Plaque quadrangulaire, à bord doré formant encadrement; bordure gros bleu à filets d'or, entourant un paysage sur terrasse avec oiseaux perchés
sur des arbrisseaux. — 1758.

Diam., 0.095.

92 — Sucrier ovale à quatre lobes, couvercle bombé à
poignée formée par des rinceaux entrelacés et dorés,
et plateau, à bords de dents de loup dorées ; décor
de bouquets détachés, par *Binet*. — 1765.

Long. du plateau, 0.24.

93 — Un cabaret, composé de six tasses forme cul de
poule, un sucrier, un pot à crème, une théière et un
bol à bandes bleues, ondulées, cernées d'un filet or.

94 — Statuette en biscuit : *l'Amour*. Sur un socle con-
tourné portant sur la face un cartouche fond gros
bleu avec l'inscription en lettres d'or : *Qui que tu
sois, voici ton maître ; il l'est, le fut ou le doit être.*

Haut. totale, 0.29.

95 — Tasse trembleuse, à anse double entrelacée, couvercle à bouton formé par un fruit doré, et soucoupe ; fond d'œils-de-perdrix en or, à point centra
rose, et médaillons à bords festonnés, reliés par
des guirlandes de barbeaux et contenant des paysages. — Décor de *Rosset* et *Barre*. — 1787. (Porcelaine dure.)

Haut., 0.11 ; diam., 0.15.

PORCELAINES DIVERSES

96 — Pot à poudre cylindrique décoré de bouquets polychromes. — Porcelaine tendre de Mennecy.

Haut., 0.12.

97 — Vase, forme Médicis, fond bleu noirâtre décoré de fleurs et papillons réservés en blanc. — Porcelaine tendre de fabrication indéterminée. — Riche monture en bronze ciselé et doré.

Haut. totale, 0.21.

98 — Buste de négresse formant vase à fleurs; la partie supérieure du crâne est ajourée en damier. — Porcelaine blanche tendre, de Mennecy (?).

Haut., 0.155.

99 — Tasse cylindrique arrondie à la base, à anse, et soucoupe, côtelées à bords dentelés et dorés, fond vert; décorés de galons et cannelures réservés en blanc et bordés de filets dorés. — La tasse est en porcelaine de *Clignancourt*, la soucoupe en porcelaine tendre de Sèvres.

Haut., 0 085 ; diam., 0.

100 — Bol hémisphérique côtelé, à bord dentelé et
doré, décor de godrons à bordure bleu et or. —
Porcelaine de *Derby*.

Diam., 0.16.

101 — Deux compotiers du même service.

Diam., 0.20.

102 — Deux jardinières quadrangulaires en biscuit
bleu pâle, décorées, en reliefs de biscuit blanc,
d'enfants ailés symbolisant les quatre Saisons; aux
angles, des palmiers dont les feuillages forment
arcades au-dessus des figures. - Marquées en
creux : *Wedgwood*.

Haut., 0.15 ; diam., 0.12.

103 — Flacon formé par un groupe d'Hercule et
Omphale, assis sur un lit de repos enveloppé de ri
deaux jaunes, à fleurs lilas et doublés de vert;
l'ouverture du flacon garnie d'argent est placée
au sommet du dais. -- Porcelaine de *Capo di
Monte*.

Haut., 0.08.

PORCELAINES DE SAXE

104 — Deux plaques rectangulaires à bordure dorée
en relief formant cadre; paysages avec personnages : dans l'un, sujet de chasse : un personnage
à cheval, placé au centre, joue de la trompette; à
sa droite, une dame à cheval porte un faucon sur le
poing; au premier plan, des chiens se désaltèrent
dans un ruisseau; — dans l'autre, un homme et
une dame à cheval sont arrêtés près d'une fontaine
où se désaltère le cheval du cavalier; à droite, une
paysanne portant sur sa tête une corbeille de
fruits.

Long., 0,21; diam., 0,145.

105 — Quatre plaques analogues plus petites; dans
l'une, un cavalier et une dame à cheval partant pour
la chasse au faucon; dans les trois autres, des scènes de campements militaires.

Long., 0,17; diam., 0,12.

106 — Trois autres plus petites; dans l'une, l'entrée
d'un camp : un cavalier joue de la trompette; dans
l'autre, halte d'une promenade à cheval; dans la

troisième, une scène champêtre : au premier plan,
un cavalier fait boire son cheval.

Long., 0.135; diam., 0.10.

107 — Quatre groupes de quatre enfants chacun, représentant les quatre Saisons.

Long., 0.18.

108 — Statuette d'enfant chinois dansant; il porte
une longue robe à fleurs de couleurs largement
ouverte sur la poitrine et le ventre, et une sorte
de pèlerine rose; il est coiffé d'une large feuille
de vigne.

Haut., 0.22.

109 — Une femme dansant, vêtue d'un corsage vert à
basques et à plastron lilas, d'une jupe rose et d'un
tablier blanc qu'elle relève de la main droite.

Haut., 0.18

110 — Berger debout, appuyé sur un tronc d'arbre et
jouant de la clarinette; il est vêtu d'un habit lilas et
d'une culotte jaune, et porte une panetière en ban-
doulière; il est coiffé d'un chapeau vert; à ses
pieds, un chien couché.

Haut., 0.17.

111 — Groupe de quatre figures placées sur un socle
triangulaire, formé de volutes et de rocailles, rehaussées d'or; à la partie centrale disposée en piédestal, un jeune garçon debout joue de la clarinette; autour de lui, une jeune fille dansant, une
autre assise et tenant un oiseau, et un jeune garçon
assis, tenant une grappe de raisin d'une main et
un bâton de l'autre.

Haut., 0.22.

112 — Deux figurines d'enfants, en costume oriental;
le garçon, la main gauche appuyée sur son sabre,
porte la droite à son turban; la jeune fille est
coiffée d'un turban lilas terminé en pointe et soutenant un voile.

Haut., 0.13.

113 — Deux figurines analogues; le garçon s'appuie de
la main droite sur un bâton; le turban de la jeune
fille est jaune.

Haut., 0.13.

114 — Perroquet blanc, à tête grise et bec noir, perché
sur un tronc d'arbre.

Haut., 0.35.

115 — Deux petits éléphants debout, la trompe relevée;
l'un d'eux porte un caparaçon vert à glands et bord
lilas. — Socles en bronze ciselé et doré.

Long., 0.15.

116 — Théière formée par un singe assis, portant une
ceinture rouge; il tient dans ses bras un de ses petits, dont la tête, renversée en arrière, forme le
goulot; un autre petit placé, sur son dos, forme
l'anse et tient dans ses mains un fruit coupé à sa
partie supérieure et formant l'ouverture.

Haut., 0.18.

117 — Théière en forme d'écureuil assis, la queue relevée, au pelage blanc tacheté de roux, et portant
un collier lilas entouré de grelots d'or et rattaché
par un gros nœud jaune qui forme l'ouverture; le
goulot est formé par un fruit vert qu'il dévore et
tient de ses deux pattes relevées.

Haut., 0.15.

118 — Deux écuelles hémisphériques à deux anses,
formées par des volutes ornées de palmettes dorées,
et couvercle bombé, à bouton formé par une pomme
de pin dorée; fond vert d'eau, décoré de médaillons en réserve, encadrés de filets dorés et con-

tenant des paysages et des marines avec personnages.

Diam., 0,0165.

119 — Écuelle hémisphérique, à deux anses latérales
en S, rattachées par des tiges fleuries, et couvercle
bombé, surmonté d'un bouton de rose, et plateau,
décorés, en réserve, de bouquets polychromes sur
fond d'or.

Haut., 0,11 ; diam., 0,18.

120 — Deux écuelles hémisphériques, à deux anses latérales en poignée, composées de deux rinceaux
enlacés et rattachés par des palmettes lilas, à rehauts d'or, et couvercle bombé, à bouton formé par
un fruit vert : bordure fond vert quadrillé de noir,
à contours festonnés de rinceaux et rocailles ; décor
d'oiseaux sur terrasses. Ces écuelles sont placées
sur des plateaux, à bords festonnés, à marli décoré
de quatre médaillons d'oiseaux, alternant avec
des parties ajourées, formées par des tiges fleuries.

Haut., 0,125 ; diam., 0,25.

121 — Pot-pourri, à corps ovoïde renflé à sa partie supérieure, à piédouche orné de rocailles en relief,
et couvercle à bouton formé par un fruit ; la gorge

est percée d'ouvertures ovales encadrées de rocailles en relief; décor de bouquets détachés entre
des bordures vertes quadrillées de noir, à contours
festonnés de rinceaux dorés. — L'ouverture et le
couvercle sont garnis d'une monture en cuivre
doré.

Haut., 0.22.

122 — Pot-pourri de même forme; le bouton du couvercle est formé par une fleur; les bordures bleues
et imbriquées sont reliées entre elles par des guirlandes de fleurs en spirale.

Haut., 0.22.

123 — Boîte à poudre cylindrique, à couvercle bombé
dont le bouton est formé par un citron vert; fond
pourpre imbriqué, à petits fleurons d'or; médaillons en réserve, encadrés de rocailles et fleurs dorées, et contenant des amours.

Haut., 0.08; diam., 0.09.

124 — Cafetière ovoïde, à anse et déversoir ornemanisés et rehaussés d'or, et couvercle bombé, à bouton
formé par une fleur; large bordure bleue imbri-
quée, à contours festonnés de rinceaux dorés; de
chaque côté, un personnage en costume du temps

4

de Louis XV, dans un paysage partiellement encadré de rocailles et de fleurs.

Haut., 0.24.

125 — Pot-pourri, à corps ovoïde, et couvercle bombé
percé à jour, sur terrasse formant monticule, en
pied duquel se trouvent un chien et deux faisans
en ronde bosse, au milieu de fleurs dont les tiges
s'enroulent autour du vase.

Haut., 0.23.

126 — Sucrier oblong, à quatre lobes, piédouche et
couvercle, à bouton doré; fond jaune soufre, à médaillons en réserve, contenant des paysages avec
personnages.

Long., 0.12.

127 — Deux petits pots bursaires, à couvercle dont le
bouton est formé par un colimaçon; fond gaufré
imitant la vannerie; sur chaque face, un médaillon
lobé contenant un bouquet.

Haut., 0.09.

128 — Petit vase ovoïde, à piédouche et ouverture évasée formée par deux feuilles d'acanthe, dont les
extrémités retombent sur l'épaulement et forment
anses; décor de bouquets de fleurs et fruits.

Haut., 0.115.

129 — Paire de vases semblables, plus petits.

Haut., 0.095.

130 — Petit vase ovoïde, à piédouche ; deux anses latérales formées par des tiges fleuries, et couvercle
ajouré surmonté d'une fleur ; la gorge est également ajourée.

Haut., 0.10.

131 — Petit vase de même forme, sans anses.

Haut., 0.10.

132 — Petit vase, de forme Médicis, à ouverture très
évasée, à bords contournés et portant, de chaque
côté, une petite tête d'enfant dressée en ronde
bosse ; décor de rocailles en relief et de bouquets
peints.

Haut., 0.11.

133 — Deux très petits vases Médicis, à culot godronné et décor de bouquets.

Haut., 0.065.

134 — Quatre petits vases, en forme de bouteilles ;
décor de style japonais, dit *au tigre*.

Haut., 0.065.

135 — Deux petits vases, de même forme, à deux anses
latérales en S; décor de bouquets

Haut., 0.065.

136 — Très petit vase bursaire, à imbrications en relief figurant un bouton de fleur, dont le pédoncule
replié forme pied; décor de bouquets.

Haut., 0.05.

137 — Deux petites coupes ovales, à bords festonnés,
et piédouche accosté de deux consoles en relief;
décor de bouquets.

Long., 0.095.

138 — Petite coupe, en forme de corbeille, à quatre
petits pieds en volutes et deux poignées latérales
formées par des tiges fleuries entrelacées; fond
gaufré imitant la vannerie; sur chaque face, un
médaillon encadré de rocailles et contenant un
bouquet.

Diam., 0.075.

139 — Lièvre, sur terrasse ornée de fleurs en relief.

Long., 0.095.

140 — Deux poules couchées, formant boîtes.

Long., 0.075

141 — Oiseau, à plumage gris et jaune, perché sur un tronc d'arbre.

Haut., 0.13.

142 — Petit chien, debout, à pelage blanc et taches brunes, portant un collier doré noué par un ruban bleu.

Long., 0.05.

143 — Petit piédestal quadrangulaire, à moulures rehaussées de filets dorés; sur chaque face, un bouquet.

Haut., 0.75.

144 — Pomme de canne en béquille, décorée de bouquets et paysages sur terrasse avec personnages dans le genre de Watteau.

Long., 0.12.

145 — Boîte ovale, décorée de paysages sur terrasse avec personnages dans le genre de Watteau; l'intérieur est doré. — Monture en argent.

Long., 0.07.

146 — Boîte rectangulaire, décorée de fleurs détachées et rocailles en relief encadrant des paysages avec personnages. Monture en cuivre doré.

Long., 0.07.

147 — Boîte rectangulaire, décorée de paysages avec
personnages dans le genre de Watteau; à l'intérieur du couvercle, portrait de femme assise devant une table et tenant un livre.

Long., 0.85.

148 — Etui ovale aplati décoré de paysages avec personnages en costume Louis XIV, encadrés de rocailles en relief.

Haut., 105.

149 — Etui ovoïde aplati, décoré de bouquets, contenant une paire de ciseaux, un couteau, un crayon et
une tablette d'ivoire.

Haut., 0.10

150 — Paon debout sur terrasse à côté d'un tronc
d'arbre. — Marque à la Verge d'Esculape.

Haut., 0.17.

151 — Tasse ovoïde à anse formée par une branche
fleurie, fond d'or décoré, en réserve, de bouquets
de tulipes, anémones et volubilis.

Haut., 0.65 ; diam., 0.13.

152 — Écuelle hémisphérique à deux anses latérales
ornemanisées et couvercle bombé surmonté

d'une fleur bleue, et son plateau ; bords dorés, fond gaufré imitant la vannerie, et décor bouquets.

Diam. de l'écuelle, 0.115 ; diam. du plateau, 0.175.

153 — Tasse ovoïde couverte à anse, et soucoupe ; décor emprunté à Sèvres : bords de dents de loup dorées, fond d'œils-de-perdrix en rose et or à point central vert pâle ; large bande festonnée, à bord bleu cerné d'or et contenant des guirlandes.

Haut., 0.09 ; diam., 0.13.

154 — Tasse cul de poule couverte, à anse double entrelacée, et soucoupe ; décor genre Sèvres : bordures de roses détachées sur fond pointillé d'or ; au pourtour, des guirlandes disposées en poste.

Haut., 0.09 ; diam., 0.135.

155 — Tasse ovoïde à quatre lobes et anse formée par une branche fleurie, et soucoupe ovale, lobée, portant, au centre, une galerie ajourée ornée de fleurs en relief, bordures de dentelles d'or ; sur la tasse, des paysages sur terrasse avec personnages dans le genre de Watteau ; sur la soucoupe, des bouquets.

Haut., 0.075 ; larg. de la soucoupe, 0.14.

156 — Tasse cul de poule couverte, à anse double entrelacée, et soucoupe ; décor genre Sèvres : bords
de dents de loup dorées : guirlandes rattachées
par des nœuds bleus.

Haut., 0,09 ; diam., 0,13.

157 — Deux tasses ovoïdes quadrilobées, à ouverture ovale et anse contournée, et soucoupe ovale à
quatre lobes ; bord brun et décor de bouquets et
papillons.

Haut., 0,07 ; Haut. de la soucoupe, 0,135.

158 — Cabaret composé de seize pièces : une cafetière,
une théière, un bol, un sucrier, six tasses à café,
et six tasses à thé ; fond lilas à réserves occupées
par des bouquets.

159 — Assiette à bord lobé et bordure pavée rose et
blanc à bords festonnés de rinceaux d'or ; au fond,
un paysage avec deux personnages en costume
Watteau.

Diam., 0,24.

160 — Assiette creuse à bord lobé et bordure imbri-
quée rose festonnée de rinceaux d'or ; au fond,
paysage sur terrasse avec personnages.

Diam., 0,26.

161 — Trois grands plats à bord lobé et marli gaufré
imitant la vannerie; décor de bouquets détachés.

Diam., 0.38.

FAÏENCES DIVERSES

162 — Deux chiens en terre recouverte d'un émail jaunâtre marbré de brun, assis sur une terrasse émaillée en bleu marbré de brun. — En dessous, deux
B en creux.

Haut., 0.19.

Ces pièces rares et curieuses achetées à la vente Humann en
1858, comme faïences de Palissy, ont été attribuées par Albert
Jacquemart, Riocreux et d'autres érudits à la fabrique d'Avon,
près Fontainebleau. — Commencement du xviie siècle.

163 — Gargoulette turbinée, à pied élargi, anse supérieure et deux déversoirs. Faïence émaillée en noir.
— *Avignon*.

Haut., 0.22.

164 — Singe assis, mangeant un fruit, sur une base
ajourée ; faïence à couverte brun foncé, marbré
de vert. — *Avignon* (?).

Haut., 0.17.

165 — Cruche à corps sphérique, col cylindrique et ouverture s'évasant en déversoir; décor de style chinois en bleu ; sur la panse, trois médaillons contenant des fleurs. — Faïence de Delft. — Monture en argent. Vente de La Villestreux

Haut., 0.235.

PORCELAINES DE CHINE

FABRICATIONS EXCEPTIONELLES

166 — Statuette de personnage sacré, debout sur les flots de la mer qui forment le socle, les pieds nus posés sur une tige de graminée ; il est vêtu d'une longue robe ouverte sur la poitrine et relevée sur la tête ; il porte au cou un chapelet et tient de la main gauche un soulier. — Blanc de Chine.

Haut., 0.34.

167 — Statuette de personnage sacré, debout sur une base ornée d'enroulements en creux ; il est vêtu d'une robe ouverte sur la poitrine et le ventre, et porte sur le dos un large chapeau suspendu par des cordons ; il s'appuie de la main gauche sur un bâton à béquille, et tient de la droite, qui est mo-

bile, une petite gourde à deux renflements. — Blanc
de Chine.

Haut., 0.34.

168 — Théière sphérique à cinq lobes, à petit goulot
tubulaire ; décor en relief de branchages de pêcher
en fleur. — Blanc de Chine. — Monture à chaînettes
en argent doré.

Haut., 0.09.

169 — Brûle-parfums formé par un animal chimérique,
debout à quatre pieds ; le couvercle est formé par
la tête renversée sur le dos et portant une longue
corne au front. — Porcelaine blanche.

Haut., 0.17.

170 — Paire de canards debout sur terrasse. — Porcelaine blanche avec légers rehauts de bleu, à l'extrémité du bec et des griffes.

Haut., 0.23.

171 — Lapin blanc sur terrasse teintée en brun foncé ;
les yeux sont émaillés en noir et le pelage indiqué
par des stries gravées.

Long., 0.125.

172 — Deux brûle-parfums en forme de grenouilles,
en biscuit ponctué d'émail blanc ; sur le dos, large

ouverture en forme d'étoile à huit dents. — Pieds
en bois de fer.

Long., 0.28.

173 — Deux chats couchés, à pelage tacheté de noir,
formant brûle-parfums; les yeux et la gueule sont
percés à jour, et une autre ouverture est placée sur
le dos.

Long., 0.14.

174 — Vase oblong à quatre pans; biscuit marbré de
blanc et de brun; sur la face, médaillon oblong à
quatre lobes, en retrait, décoré en relief d'un rocher avec végétation. — Monture en cuivre doré.

Haut., 0.115.

175 — Cornet à renflement médian, à quatre arêtes
dentelées en saillie, au col, sur la panse et à la
base. — Céladon fleuri gris bleuâtre pâle; décor
d'ornements et feuilles d'eau.

Haut., 0.215.

176 — Bol hémisphérique, à bord lobé et légèrement
évasé; céladon vert d'eau, gravé au pourtour de
traits simulant les pétales d'une fleur de nélumbo.

En dessous, nien-haô, à quatre caractères, à la
date de *Siouen-te*. — 1426-1436.

Diam., 0.20.

177 — Deux petits flacons de forme aplatie, à piédouche et col cylindrique accosté de deux anses, formé
par l'accouplement de deux carpes dressées. — Céladon fleuri, gris verdâtre.

Haut., 0.075.

178 — Vase turbiné, à petite ouverture évasée ; céladon gris décoré en noir et blanc d'un saule pleu-
reur et d'arbrisseaux chargés de fleurs, au-dessous
desquels sont des grues.

Haut., 0.030.

179 — Deux gobelets ovoïdes, à ouverture évasée et
deux anses latérales en S, terminées par des têtes
chimériques ; fond céladon vert d'eau, décoré de
fleurs et d'une bordure de rinceaux en émaux de
la famille verte.

Haut., 0.08.

180 — Paire de potiches ovoïdes en craquelé gris, à
deux anses latérales formées par des têtes chimériques, et couvercle surmonté d'un chien de Fô
assis, doré ; à la base, sur l'épaulement, à la gorge
et autour du couvercle, bandes d'ornements en relief imitant le bronze et portant des traces de do-
rure.

Haut., 0.44.

—

181 — Vase turbiné, à col évasé, et deux anses latérales
formées par des têtes chimérique ; craquelé fond
gris, à réseaux bruns roux. — Monture à deux anses
en bronze ciselé et doré.

Haut., 0.255.

182 — Vase ovoïde, à col évasé et deux anses latérales
formées par des têtes chimériques portant des anneaux en bronze doré ; craquelé brun, décoré à la
base, et sur l'épaulement de bordures d'ornements
en relief teintés en brun mat imitant le bronze. —
Monture européenne en bronze ciselé et doré.

Haut., 0.215.

183 — Tasse campanulée, à bords ondulés, formée par
une feuille de nélumbo ; l'anse est formée par un
dragon. — Craquelé gris, à réseaux noirs et jaunes.

Haut., 0.08.

184 — Bol hémisphérique, à six lobes ; craquelé brun.

Diam., 0.15.

185 — Bol campanulé. — Craquelé gris.

Diam., 0.185.

186 — Tasse hémisphérique et soucoupe en craquelé gris, décorées en émaux de la famille verte de bordures mosaïques, d'arbrisseaux et de grues.

Haut., 0.05; diam., 0.135.

187 — Personnage sacré assis sur un siège à dossier élevé, placé sur un socle rectangulaire, dont le plateau supérieur, émaillé en violet, est à pans coupés; le personnage est vêtu d'une longue robe émaillée en bleu turquoise; la tête, les deux mains posées sur les genoux, la ceinture et quelques parties des vêtements sont réservées en biscuit.

Haut., 0.35.

188 — Deux petits groupes composés de deux personnages assis côte à côte et vêtus de robes largement ouvertes sur la poitrine et le ventre; à leurs pieds, un petit tube destiné à recevoir une allumette odorante. — Bleu turquoise.

Haut., 0.07.

189 — Petite figurine à personnage assis, vêtu d'une robe laissant à découvert les épaules, la poitrine et le ventre; il tient de la main droite un chapelet; à côté de lui, petit tube destiné à recevoir une allumette odorante. — Bleu turquoise.

Haut., 0.075.

190 — Petite coupe à sacrifice, à anse rectangulaire
accostée de deux dragons ; deux autres dragons à
queue fourchue sont placés au-dessous du déversoir. — Bleu turquoise.

Larg., 0.95.

191 — Bouteille à corps sphérique surbaissé et col
cylindrique renflé à la base. — Bleu turquoise.

Haut., 0.24.

192 — Paire de gourdes à deux renflements et petite
ouverture ; couverte gros bleu.

Haut., 0.30.

193 — Flambeau, à trois pieds formés par des têtes
chimériques, plateau inférieur, tige cerclée de filets
saillants et bobéchon hémisphérique, portant, au
bord, trois dents symétriques. — Violet aubergine.

Haut., 0.15.

194 — Petit plat creux, à bord évasé, entièrement émaillé
en violet aubergine. En dessous, nien-haô à six
caractères, à la date de *Kang-hy*. — 1661-1722.

Diam., 0.25.

195 — Bouteille à corps sphérique et col cylindrique.
— Vert camélia.

Haut., 0.22.

196 — Oiseau de proie perché sur un rocher, les ailes
soulevées. — Flambé rouge.

Haut., 0.40.

197 — Bol campanulé entièrement émaillé en jaune impérial; en dessous, nien-haò à la date de *Kia-tsing*.
— 1522-1567.

Diam., 0.20.

198 — Deux bols campanulés entièrement émaillés en
jaune impérial; en dessous, nien-haò à six caractères, à la date de *Kang-hy*. — 1661-1722.

Diam., 0.15.

199 — Bol hémisphérique, à couverte feuille morte; en
dessous, un cachet à la date de *Kien-long*. — 1736-
1795.

Diam., 0.12.

200 — Deux bols hémisphériques, à couverte chamois,
décorés en émaux de la famille verte; au pourtour,
un rocher entouré de chrysanthèmes, de margue-

5

rites et d'anémones, et un papillon; à l'intérieur,
bordure de fleurs.

Diam., 0.20.

201 — Pitong cylindrique, à décor burgauté : un paysage montueux avec personnages, sur fond noir.

Diam., 0.085.

BLEUS

202 — Potiche ovoïde, à col cylindrique et couvercle;
fond bleu fouetté, à quatre grands médaillons réservés en hauteur, occupés alternativement par un
paysage avec personnages, des nélumbos au milieu
desquels volent des grues, des vases et objets
sacrés, etc., en bleu et rouge de cuivre sous couverte; des médaillons plus petits à la base, à
l'épaulement et sur le couvercle, contiennent des
fleurs aux mêmes couleurs. — Pied en bois de fer.

Haut., 0.49.

203 — Paire de vases ovoïdes, à piédouche et col évasé;
décorés en bleu sous couverte; sur la panse, entre
deux bordures de lambrequins, des rinceaux fleuris;
au col, des rinceaux entrecroisés et de petites
rosaces semées. — Marque au *Ling-tchy*.

Haut., 0.26.

204 — Paire de bouteilles, à corps sphérique surbaissé
et col cylindrique; décorées en bleu sous couverte
d'un paysage rocheux où se promènent des femmes
en longues robes. — Marque à la feuille.

Haut., 0.19.

205 — Paire de bouteilles piriformes, à col cylindrique,
décorées de rosaces en bleu sous couverte; surdécoration hollandaise d'ornements en vert, rouge
et or; en dessous, la date de *Tching-hoa*.

Haut., 022.

206 — Bouteille ovoïde, à col cylindrique, légèrement
évasé à l'ouverture, décorée en bleu sous couverte;
paysage planté de bananiers, où l'on voit un personnage en adoration tenant élevé à deux mains un
jouy (objet de bon augure); au-dessus de sa tête
vole une chauve-souris; derrière lui, deux servi-
teurs, l'un portant son sabre, l'autre un vase contenant une tige de pêcher.

Haut., 0.40.

207 — Paire de très petites gourdes hexagones, à deux
renflements et ouverture cylindrique; décor de
fleurs et imbrications en bleu sous couverte.

Haut., 0.095.

208 — Vase turbiné, a petit col évasé ; décoré en bleu
sous couverte : sur la panse, des rinceaux à grosses
fleurs ; au-dessous, des feuilles d'eaux formant
lambrequin.

Haut., 0,245.

209 — Pot cylindrique, à couvercle bombé ; fond caillouté et bordure de lambrequins à dents triangulaires, fond bleu à rinceaux fleuris, en réserve. —
Bouton rapporté, en cuivre doré.

Haut., 0,20.

210 — Pot couvert, à anse et déversoir, décoré en bleu
sous couverte ; sur la panse, six godrons contenant
des femmes debout et des bouquets ; sur le col, des
tiges de nélumbo. — Marqué du caractère : Yu
(Jade). — Monture en argent.

Haut., 0,155.

211 — Petit pot à anse, à corps sphérique, col cylindrique et couvercle très légèrement bombé : bleu
fouetté décoré, en or, de rochers fleuris, oiseaux et
animaux chimériques.

Haut., 0,12.

212 — Sucrier cylindrique, à couvercle bombé surmonté

d'un bouton plat; décor en bleu sous couverte, de paniers fleuris et d'objets sacrés.

Haut., 0.10.

213 — Deux petits bols de forme hémisphérique surbaissée, à ombilic central, décorés en bleu sous couverte de bordures de rinceaux et fleurons.

Diam., 0.14.

214 — Petit bol octogone, à deux anses terminées par des têtes chimériques; décoré en bleu sous couverte; sur chaque pan, un paysage.

Diam., 0.095.

215 — Bol campanulé, à paroi ajourée chargée de cinq médaillons, contenant des fleurs et des paysages. — Bleu sous couverte.

Diam., 0.11.

216 — Bol analogue, plus petit.

Diam., 0.09.

217 — Tasse à double paroi, extérieurement réticulée à jour; la paroi intérieure est décorée de fleurs en bleu sous couverte; et soucoupe à marli ajouré, décorée au fond d'une rosace et de fleurs ornementales réservées en blanc sur fond bleu.

Haut., 0.05; diam., 0.135.

218   Gobelet obconique, à pied en balustre, décoré, en bleu sous couverte, de tiges fleuries.

Haut., 0.135.

219   Tasse-gobelet couverte, à deux anses et soucoupe décorées en bleu sous couverte, une grande rosace à huit compartiments séparés par des filets réservés en blanc et décorés, en réserve, de fleurs sur fond bleu.

Haut., 0.10; diam., 0.135.

220   Deux petits plats à marli quadrillé coupé par quatre réserves lobées, contenant un groupe de trois pêches; au fond, l'entrée d'un pavillon, où un personnage debout parle à un enfant qui, placé sur le seuil, balaye les marches qui y conduisent; en dessous, nien-haô à six caractères, à la date de *Tching-hoâ*.   1465-1488.

Diam., 0.29.

221   Assiette à marli ajouré de demi-rosaces; le fond bleu est décoré, en réserve, de rinceaux à grosses fleurs ornementales.

Diam., 0.215.

222   Assiette, à marli ajouré de quadrillages; au fond.

grandes rosaces à huit divisions décorées de
fleurs.

Diam., 0.21.

223 — Deux plateaux octogones décorés en bleu sous
couverte et or; bordure à huit divisions, portant
chacune au centre un médaillon circulaire à imbrications ajourées; au fond, cinq oiseaux fantastiques
formant rosaces.

Diam., 0.21.

224 — Deux grandes soucoupes lobées, fond bleu
fouetté, décorées de rinceaux fleuris en or.

Diam., 0.16.

225 — Vase ovoïde, à piédouche et col évasé; fond bleu
empois, décoré en bleu et rouge de cuivre sous
couverte, et céladon blanc, de groupes de nélumbos au-dessus desquels volent des grues.

Haut., 0.25.

226 — Vase ovoïde, à piédouche et col évasé, décoré en
bleu et rouge de cuivre sous couverte; sur la
panse et au col, des dragons et des chauves-souris
sur les flots de la mer; sur l'épaulement, bordure
quadrillée coupée par quatre rosaces.

Haut., 0.19.

227 — Petit plat creux décoré, en bleu et rouge de
cuivre sous couverte, d'un pêcher en fleurs et de
quatre oiseaux.

Diam. 0.25.

228 — Deux assiettes, à bordure bleu foncé gravé de
tiges fleuries; au centre, grand médaillon lobé, décoré de tiges fleuries en bleu et rouge de cuivre
sous couverte.

Diam. 0.21.

FAMILLE VERTE

229 — Personnage assis, vêtu d'une robe verte à rosaces
noires, et ceinture jaune; il a les deux mains posées
sur les genoux: la droite tient un sceptre; la tête est
réservée en biscuit. — Porcelaine émaillée sur
biscuit.

Haut. 0.20.

230 — Statuette d'empereur, assis, en longue robe fond
vert à rinceaux noirs et fleurs polychromes, en
partie recouverte par une sorte de jupe également
à fond vert et décorée de rosaces, attachée par une
ceinture lilas décorée de dragons ornemanisés; la
main droite, réservée en biscuit, est posée sur le
genou; l'autre est enveloppée dans la manche très

longue; la tête, à longue barbe noire, est également
en biscuit, et coiffée d'une tiare noire côtelée, couronnée d'une série de pointes dorées. — Porcelaine
émaillée sur biscuit.

Haut., 0.225.

231 — Chien de Fô assis, sur une base quadrangulaire
ajourée, et portant sur le dos un cornet hexagone,
décoré du caractère *Longévité* plusieurs fois répété.
— Porcelaine émaillée sur biscuit en vert et jaune.

Haut., 0.20.

232 — Flambeau formé par une figurine de nègre, vêtu
d'une robe à ramages rouge, vert et or, accroupi
sur un socle quadrangulaire et soutenant de ses
deux bras relevés un plateau oblong à quatre lobes,
posé sur sa tête, au milieu duquel est placé le godet
destiné à recevoir la bougie.

Haut., 0.31.

233 — Coupe à sacrifice, à anse plate rectangulaire
accostée de deux dragons; deux autres dragons
sont placés sous le déversoir; fond vert piqué de
noir, et médaillon fond ocre orné de têtes chimériques en violet cerné de noir. — Porcelaine
émaillée sur biscuit.

Larg., 0.10.

234 — Paire de potiches turbinées, à col cylindrique et
couvercle surmonté d'un bouton teinté en bleu
sous couverte; fond émaillé noir, décoré, en réserve,
d'un rocher entouré de pivoines, pêchers et ma-
gniolas en fleur, au-dessus desquels volent des
oiseaux.

Haut., 0,46.

235 — Deux vases quadrangulaires, à petite ouverture
cylindrique, fermée par un couvercle capsulaire en
vermeil; chaque panneau, fond rose à fleurs d'or,
est encadré d'une bordure quadrillée et porte deux
réserves de formes variées, occupées par des personnages, des paysages, des oiseaux et des fleurs.

Haut., 0,24.

236 — Vase lancelle, à ouverture très évasée; autour du
col, fond vermiculé rouge, à rinceaux et grandes
chrysanthèmes formant rosaces; sur l'épaulement,
des lambrequins, fond rouge à rinceaux réservés
en blanc et fleurs de chrysanthèmes en couleurs
avec rehauts d'or; au-dessous, le caractère *Bonheur*
et des fong-hoangs disposés en rosaces; à la base,
de faux godrons.

Haut., 0,45.

237 — Bouteille à corps sphérique surbaissé et col cylindrique; fond rouge décoré de rinceaux à grosses fleurs réservés en blanc; sur l'épaulement et à l'ouverture, bordures mosaïques.

Haut., 0,43.

238 — Vase cylindro-ovoïde, à col cylindrique et ouverture évasée à bord relevé; fond vert mosaïque à anneaux entrelacés, contenant de petites rosaces, et quatre grandes réserves en hauteur occupées par des rochers fleuris, des oiseaux et des papillons; sur l'épaulement, bordure mosaïque à quatre réserves contenant des rosaces; autour du col, un filet saillant entre une bordure festonnée et des feuilles d'eau dressées.

Haut., 0,47.

239 — Bouteille à corps sphérique surbaissé et col cylindrique renflé à l'ouverture; fond de rinceaux fleuris, portant des fong-hoangs, à quatre réserves lobées, contenant des fleurs; au-dessus, bordure verte piquetée de noir, à quatre réserves de fleurs ornementales; autour du col, des dragons à queue fourchue.

Haut., 0,42.

240 — Vase cylindro-ovoïde, à col cylindrique et ouverture élargie à bord relevé ; au pourtour, dans un pavillon ouvert sur un jardin, l'empereur, debout, entouré de sa cour, et tenant devant lui un rouleau déployé, reçoit les hommages d'un personnage debout et élevant à deux mains un *jouy* (objet de bon augure) ; autour du col, bordure mosaïque portant le caractère *Longévité* quatre fois répété, et surmontée d'une série de caractères en couleurs variées.

Haut., 0,45.

241 — Vase quadrangulaire, à corps renflé et piédouche ; décor de rochers fleuris et d'oiseaux, sur fond noir ; le piédouche, décoré d'un fond vert piqueté de noir et semé de fleurettes jaunes, porte sur chaque face un médaillon en losange fond jaune, encadré d'un filet vert et contenant une fleur de chrysanthème à feuillage noir. L'ouverture est fermée par un couvercle fait d'un morceau de porcelaine fond noir, décoré d'une fleur de chrysanthème jaune et monté en argent.

Haut., 0,31.

242 — Grand vase, cylindro-ovoïde à col cylindrique et ouverture élargie à bord relevé ; décoré, au pour-

tour, de branchages fleuris de pivoine, de magnolia
et de pêcher, entourant un rocher sur lequel sont
perchés deux faisans; autour du col, un paysage
montueux traversé par une rivière; sur l'épaulement, bordure mosaïque quadrillée, à quatre
réserves d'objets sacrés; à la base, de faux godrons.

Haut., 0,685.

243 — Vase bursaire, à piédouche, fond vert pailleté de
noir et décoré de rinceaux, à feuilles et fleurs ornementales; au culot, bordure de faux godrons; autour de l'ouverture, bordure mosaïque à quatre
réserves, contenant des dragons; en dessous, médaillon circulaire, encadré de rinceaux fleuris et
portant en son centre le caractère *Longévité* en noir
sur fond violet de manganèse.

Haut., 0,30.

244 — Vase turbiné, à col cylindrique et ouverture
évasée, décoré en plein, au pourtour, d'un paysage
avec audience impériale; au col, deux tiges de
pivoines fleuries.

Haut., 0,44.

245 — Vase à corps cylindro-ovoïde, col cylindrique et
ouverture élargie à bord dressé; au pourtour, un

paysage avec rocher et grand pin en émaux de la
famille verte et personnage en rouge et or : un
personnage sacré terrasse un démon : autour du
col, un paysage : sur l'épaulement, large bordure
mosaïque à quatre réserves occupées par des rosaces.

Haut., 0.46.

246 — Vase turbiné, à col cylindrique évasé : décoré en
plein d'un paysage montueux traversé par un cours
d'eau : à la base du col, décoré également d'un
paysage, bordure pailletée de rouge, à quatre
réserves d'objets sacrés. — Marque au *Lyng-tchy*.

Haut., 0.45.

247 — Vase quadrangulaire, à col cylindrique et ouverture évasée : sur chaque pan, un paysage avec
scène guerrière : sur le col, le caractère *Longévité*
quatre fois répété ; autour de l'ouverture, bordure
festonnée. — Marque à la feuille.

Haut., 0.49.

248 — Vase octogone turbiné, à col et ouverture évasée :
les pans, séparés par des filets verts, sont décorés,
sur le corps du vase et sur l'épaulement, de paysages alternativement occupés par des personnages,

des fleurs et des animaux; au col, des fleurs alternant avec des objets sacrés.

Haut., 0.44.

249 — Paire de vases piriformes, à piédouche et col
cylindrique portant un renflement à la base; décor
de lambrequins fond vert, bordés de filets noirs et
rouges et portant des rinceaux blancs à fleurs
jaunes; au-dessous, des rinceaux à fleurs ornementales rouges et vertes; le renflement est décoré
d'un fond rouge à rinceaux fleuris réservés en
blanc au-dessus duquel se dresse une couronne de
feuilles d'eau.

Haut., 0.36.

250 — Grand vase cylindro-ovoïde, décoré, en bleu sous
couverte et émaux de la famille verte : sur le seuil
d'un pavillon donnant sur une terrasse, quatre
femmes, réunies autour d'une table sur laquelle
est un instrument de musique enveloppé dans une
draperie, surveillent des enfants jouant; à la base
et sur l'épaulement, bordure mosaïque alvéolée, à
quatre réserves d'objets sacrés. — Le couvercle de
ce vase est formé d'un groupe composé d'un personnage assis et entouré d'enfants et de chiens, sur
base cylindrique à parties ajourées.

Haut. totale, 0.74

251 — Cornet à renflement médian quadrangulaire,
divisé par des filets saillants; bordure rouge à rinceaux fleuris réservés en blanc; décor de vases et
objets sacrés.

Haut., 0.21.

252 — Vase ovoïde, à ouverture élargie; le corps est
ajouré et composé de trois rangs superposés d'entrelacs verts et jaunes.

Haut., 0.12.

253 — Vase à corps ovoïde, à six pans ajourés et ouverture élargie, hexagone, à bord relevé; décor de
paysages et bordures vert pâle piqueté de noir,
portant des papillons.

Haut., 0.125.

254 — Paire d'aspersoirs à corps sphérique sur piédouche, et long col renflé à la base; décor de médaillons lobés, alternativement fond rouge et fond
vert pâle, portant une fleur de nélumbo; sur le col,
petites tiges fleuries dressées.

Haut., 0.18.

255 — Paire de petits vases octogones à corps sphé-
roïdal et col allongé renflé à la base; ils sont élevés
sur des bases à quatre pieds, à plateau supérieur

évidé et dans lequel entre le pied du vase; décor émaillé sur biscuit en vert, jaune et manganèse; fonds quadrillés à quatre médaillons contenant des rosaces. — Monture à deux anses en argent.

Haut., 0.22.

256 — Potiche turbinée à ouverture cylindro-conique, décorée de rinceaux à feuilles et grosses fleurs ornementales.

Haut., 0.25.

257 — Paire de vases ovoïdes, à ouverture cylindrique fermée par un couvercle capsulaire; fond vert piqueté de noir et semé de fleurettes, avec réserves de formes variées contenant des fleurs.

Haut., 0.17.

258 — Paire de petits vases ovoïdes, à ouverture cylindrique, décorés d'arbrisseaux en fleur, portant un oiseau.

Haut., 0.14.

259 — Cornet décoré, sur quatre rangs, de médaillons superposés, contenant alternativement des paysages et des fleurs.

Haut., 0.29.

260 — Deux petits vases ovoïdes à ouverture cylindrique; sur chaque face, un médaillon lobé encadré
de filets rouges et verts, occupé par une femme
assise dans un paysage; entre les médaillons, des
tiges fleuries; sur l'épaulement, une bordure festonnée.

Haut., 0.22.

261 — Paire de bouteilles piriformes à piédouche et
col cylindrique, portant un renflement près de
l'ouverture; fond rouge à rinceaux fleuris réservés
en blanc; sur chaque face, un médaillon en forme
de fruit contenant des fleurs et des tiges de vigne
chargées de grappes, sur lesquelles court un loir.

Haut., 0.245.

262 — Deux petits seaux ovoïdes à piédouche et deux
anses latérales, décorés au pourtour de tiges fleuries, au-dessus desquelles volent des oiseaux; sur
le pied et à l'intérieur, bordures mosaïques tracées en rouge.

Haut., 0.10.

263 — Gourde à trois renflements et petit col cylindrique; fond bleu fouetté à réserves lobées et en
forme d'éventail, contenant des vases et objets

sacrés, des fleurs et des animaux chimériques en émaux de la famille verte.

Haut., 0.23.

264 — Deux vases cylindriques à petit col évasé, renflé à la base; fond bleu fouetté, décoré de rinceaux d'or, à huit réserves disposées sur deux rangs et contenant des fleurs. — Famille verte.

Haut., 0.265.

265 — Plat à bord lobé et bordure de paysages avec personnages; au centre, un pavillon dans lequel sont un homme et une femme debout.

Diam., 0.29.

266 — Plat décoré en plein : un étang au bout duquel poussent de grandes tiges de pivoines et de graminées, sur lesquelles est perché un martin-pêcheur; deux autres oiseaux aquatiques, l'un nageant, l'autre perché sur un rocher.

Diam., 0.34.

267 — Plat creux à bord évasé et bordure fond vert pâle piqueté de noir, et décoré de branchage chargé de fleurs et de fruits, à six réserves d'objets sacrés;

au centre, un grand coq dans un paysage, avec branchages fleuris de magnolia.

Diam., 0.36.

268 — Plat creux à bord évasé et bordure mosaïque, à six réserves d'objets sacrés; au centre, un grand panier fleuri, richement décoré, portant sur la panse un dragon au milieu des nuages, se détachant sur un fond noir.

Diam., 0.35.

269 — Grand plat creux à bord évasé, à étroite bordure de pampres en bleu sous couverte, et seconde bordure de rinceaux verts terminés par de grosses fleurs; au centre, une rosace et six palmettes rayonnantes, de style persan.

Diam., 0.38.

270 — Deux plats creux à bordure verte piquetée de noir et chargée de fleurs, à quatre réserves d'objets sacrés; au centre, médaillon à fond semblable entouré d'une bordure dentelée d'où partent quatre groupes de tiges fleuries.

Diam., 0.27.

271 — Grand plat creux à bord évasé à large bordure

mosaïque variée, à huit réserves d'objets sacrés;
fond vert piqueté de noir et semé de fleurs; décor
rayonnant de réserves symétriquement disposées
sur deux rangs et contenant des fleurs; au centre,
un panier fleuri.

Diam., 0,56.

272 — Plat creux à bord évasé, à bordure de fleurs sur
fond vert piqueté de noir et quatre réserves de
fleurs; fond de rinceaux verts à grosses fleurs en
bleu et en or; au centre, médaillon circulaire
occupé par un paysage avec cavalier suivi d'un serviteur; autour sont disposées quatre réserves, deux
en forme d'éventail contenant des oiseaux, et deux
à quatre lobes décorées de branchages de bambou
en noir.

Diam., 0,355.

273 — Plat semblable, où le médaillon central est
occupé par un groupe de pivoines sur lequel est
perché un martin-pêcheur.

Diam., 0,35.

274 — Plat creux à large bordure mosaïque pavée, à
six réserves lobées occupées par des fleurs; au
fond, un rocher entouré de pivoines, sur lequel est

perché un fong-hoang; un autre fong-hoang et
deux papillons volent au-dessus.

Diam., 0,35.

275 — Plat creux à bordure pailletée de rouge, décoré
de rinceaux à grosses fleurs; fond quadrillé rouge
et grande rosace centrale à encadrement festonné
contenant des tiges de pivoines.

Diam., 0,325.

276 — Grand plat creux à bassin très profond, et marli
décoré d'une bordure mosaïque, à quatre réserves
contenant des animaux chimériques; au fond, un
dragon au milieu des nuages.

Diam., 0,39.

277 — Deux grands plats portant au centre un écu
armorié, surmonté d'une couronne de comte; au-
dessous, une banderole verte surmontée d'une
tête de chérubin, et portant des traces d'inscription;
autour, quatre écus portant d'autres armoiries, à
couronnes semblables et banderoles portant des
noms hollandais peu lisibles; toute cette partie du
décor est en émaux de la famille verte; le reste,
consistant en quatre groupes de fleurs alternant

avec les écussons et une bordure quadrillée, est en bleu sous couverte.

Diam., 0.385.

278 — Deux plats creux à bord légèrement évasé, décorés de bordures concentriques de rinceaux et fleurons; au centre, une rosace.

Diam., 0.33.

279 — Plat creux à bord évasé et bordure verte quadrillée de noir, à quatre réserves d'objets sacrés; au fond, grand sujet représentant un pavillon; à l'intérieur, trois hommes et une femme assemblés s'entretiennent; au dehors, un homme parle à un enfant.

Diam., 0.55.

280 — Deux grands plats creux à bord évasé et bordure quadrillée chargée de fleurs et coupée par quatre réserves contenant des tiges fleuries; audessous, quatre lambrequins fond rouge pailleté, alternant avec quatre pendentifs composés de trois rinceaux terminés par de grosses fleurs; au centre, un chien de Fô, jouant avec une boule, est entouré d'oiseaux et de papillons.

Diam., 0.38.

281 — Plat creux à marli étroit légèrement relevé, et bordure fond vert pailleté de noir, à réserves occupées par des attributs et des rosaces; au fond, une grande rosace fond d'or à bord dentelé.

Diam., 0.28.

282 — Petit plat creux côtelé, à bord dentelé, à large bordure fond rose, à quatre réserves contenant des fleurs, et médaillon central occupé par une jeune femme tenant un écran, assise sur un banc et regardant un oiseau perché dans une suspension.

Diam., 0.27.

283 — Petit plat creux à bordure de rinceaux à fleurs multicolores; au fond, un vase de fleurs placé sur un pied et entouré de vases et objets sacrés.

Diam., 0.27.

284 — Petit plat creux à bordure alvéolée en vert et rouge, à quatre réserves d'objets sacrés; au fond, un panier fleuri.

Diam., 0.27.

285 — Petit plat à bord évasé, décoré d'un panier fleuri.

Diam., 0.265.

286 — Petit plat creux à bordure et fond vert piqueté
de noir, à médaillon central occupé par un panier
fleuri, entouré de huit compartiments contenant des
rochers fleuris.

Diam., 0,275.

287 — Plat creux à bordure quadrillée; fond vert
piqueté de noir; médaillon central occupé par des
vases et objets sacrés; autour, six médaillons rayon-
nants contenant des rochers fleuris.

Diam., 0,29.

288 — Petit plat creux à bord évasé; décoré en plein
d'un paysage, où l'on voit un guerrier à cheval
suivi d'un porte-étendard, et s'entretenant avec un
vieillard.

Diam., 0,27.

289 — Petit plat à étroite bordure de médaillons ovales,
alternant et encadrés de filets rouges; au fond, des
meubles, instruments de musique et vases de
fleurs.

Diam., 0,27.

290 — Plat creux à décor de style persan, fond vert, à
rosace centrale en forme de croix, autour de laquelle

rayonnent quatre réserves en ogives, contenant des
fleurs et alternant avec quatre autres réserves de
même forme, plus petites et décorées d'imbrications lobées et striées en rouge.

Diam., 0.28.

291 — Deux petits plats à marli fond vert pailleté de
noir à ornements jaune et lilas, et six réserves
occupées alternativement par des animaux chimériques et des fleurs; au fond, trois pavillons; au
premier plan, un cavalier suivi d'un serviteur
chargé de son bagage.

Diam., 0.275.

292 — Deux assiettes à bordure de demi-rosaces,
reliées par des rinceaux; au fond, des meubles,
vases et objets sacrés.

Diam., 0.22.

293 — Assiette décorée, sur le marli, d'une bordure
de fleurs et papillons, sur fond vert piqueté de
noir; au fond, un pêcher en fleurs portant un oiseau
et accosté de deux tiges de bambou.

Diam., 0.225.

294 — Assiette à marli occupé par quatre médaillons fleuronnés, alternant avec des groupes

d'objets sacrés; au fond, un cavalier accompagné
d'un serviteur s'éloigne d'une habitation, auprès
et au-dessus de laquelle sont placés une table, des
vases et des objets sacrés.

Diam., 0.225.

295 — Assiette à bord côtelé, fond mosaïque à décor
rayonnant; au centre, une grande rosace, dont
chaque division est occupée par des fleurs.

Diam., 0.21.

296 — Assiette à marli décoré d'une bordure verte
quadrillée de noir, à quatre réserves contenant des
chiens de Fô; au fond, un vase de fleurs entouré
d'objets sacrés.

Diam., 0.21.

297 — Assiette à décor de style persan; au centre, une
rosace en forme de croix, autour de laquelle rayonnent quatre médaillons terminés en ogive et contenant des fleurs.

Diam., 0.21.

298 — Deux assiettes à bord étroit godronné et renversé, décoré en rouge et or; bordure fond vert
piqueté de noir, à rosaces rouges, et quatre réserves

occupées par des poissons et des crustacés; au
fond, des fong-hoangs volant parmi des tiges fleuries.

Diam., 0.235.

299 — Deux assiettes à étroite bordure de rosaces juxtaposées; des rinceaux à grosses fleurs variées de
couleurs entourent un médaillon central encadré
de filigranes rouges et décoré, sur fond vert, d'un
enfant nu entouré de rinceaux fleuris.

Diam., 0.22.

300 — Deux assiettes à marli fond vert pâle, décoré de
rinceaux blancs et rosaces de couleurs; au fond,
dans un médaillon circulaire, un rocher près
duquel poussent un saule et un pêcher en fleurs.

Diam., 0.22.

301 — Deux assiettes à bordure de rosaces ovales
juxtaposées; au fond, rosace contenant un enfant
jouant sur un escalier conduisant à un pavillon; autour, quatre rosaces de fleurs ornementales, alternant avec des groupes de vases et objets sacrés.

Diam., 0.23.

302 — Deux assiettes à marli quadrillé à réserves,

contenant des dragons, des papillons et des fleurs ;
au fond, un chien de Fô jouant avec une boule,
autour duquel rayonnent six médaillons, contenant
alternativement des animaux et des paniers fleuris.

Diam., 0,21.

303 — Deux petites assiettes fond bleu fouetté, à quatre
réserves en forme d'éventail, occupées par des
branches fleuries et médaillon central, renfermant
un animal chimérique.

Diam., 0,20.

304 — Deux compotiers à bordure ajourée, composée
d'anneaux multicolores entrelacés ; au centre, deux
femmes dans un jardin, devant un mur percé d'une
ouverture circulaire où est placé un vase de fleurs.

Diam., 0,22.

305 — Plateau à bord relevé et évasé ; bordure verte
pailletée à quatre réserves d'objets sacrés ; au fond,
un pavillon à ouverture circulaire, par laquelle on
voit une jeune femme assise auprès d'une table, en
compagnie d'un homme jouant d'un instrument à
cordes ; un personnage placé sur une terrasse, en
dehors, semble les observer.

Diam., 0,21.

306 — Deux plateaux à bord relevé et évasé, décorés
de trois guerriers; en dessous, une inscription de
trois caractères.

Diam., 0.21.

307 — Petit plateau à bord relevé en forme d'étoile à
huit dents; au fond, des personnages dans un
paysage. — Porcelaine émaillée sur biscuit, en
vert, jaune et manganèse.

Diam., 0.16.

308 — Petit plateau quadrangulaire à bord dentelé;
au centre, sur un fond vert à rinceaux fleuris noir,
médaillon à quatre dents, contenant des vases et
objets sacrés; autour, bordure jaune, à quatre
réserves occupées par des fleurs. — Porcelaine
émaillée sur biscuit.

Diam., 0.115.

309 — Coupe plate à bord renversé et lobé, et piédouche élargi; bordure à compartiments mosaïques,
alternativement en rouge et en émaux de la famille
verte, encadrant une grande rosace centrale en
relief, figurant une fleur, dont chaque pétale porte
une fleur jaune ou lilas à cœur rouge sur fond vert;

le piédouche est orné de godrons multicolores et
entouré d'une bordure quadrillée rouge.

Diam., 0.175.

310 — Coupe de même forme, à double bordure de
godrons à fleurs ornementales et rosace centrale à pétales, alternativement verts, lilas et striés
de rouge. Le piédouche, à godrons multicolores,
porte une bordure rouge dentelée.

Diam.. 0.175.

311 — Deux petites coupes à base carrée, à angles
rentrants, pied quadrangulaire, accosté de quatre
consoles à parois ajourées, et plateau supérieur
octogone à bord relevé, fond jaune orné d'un dragon au milieu de rinceaux noirs à fleurs. — Porcelaine émaillée sur biscuit.

Haut., 0.10.

312 — Bol hémisphérique; au pourtour, des fong-
hoangs, un paon et d'autres oiseaux dans un paysage. — En dessous, nien-haô à six caractères, à la
date de *Siouen-te*. — 1426-1436.

Diam., 0.19.

313 — Bol campanulé à large bordure verte quadrillée

de noir, à quatre réserves d'objets sacrés; au
pourtour, des vases et objets sacrés. — En dessous,
nien-haò à la date de *Tching-hoa*. — 1465-1488.

Diam., 0.20.

314 — Bol campanulé à bordure verte, quadrillée de
noir, à quatre réserves de fleurs; au pourtour,
décor plein, représentant une audience impériale.
— En dessous, nien-haò à la date de *Tching-hoa*.
— 1465-1488.

Diam., 0.20.

315 — Bol hémisphérique à bord évasé, portant une
bordure de rinceaux verts à fleurs rouges, sur
lesquels courent quatre dragons; à l'extérieur, des
lambrequins et des pendentifs.

Diam., 0.20.

316 — Bol hémisphérique à bordure de rinceaux à
grosses fleurs ornementales rouges, bleues et
jaunes; au pourtour, des vases et objets sacrés.

Diam., 0.19.

317 — Deux petits bols hémisphériques à ombilic,
décorés extérieurement d'une bordure de rinceaux fleuris, parmi lesquels serpentent des dra-

gons; au fond, grande rosace à bordure de
lambrequins.

Diam.. 0.107.

318 — Deux autres, décorés extérieurement de rochers fleuris; à l'intérieur, bordure de rinceaux
fleuris et de dragons; au centre, un dragon au milieu
d'un médaillon à encadrement fleuronné.

Diam.. 0.107.

319 — Deux bols campanules très évasés, décorés à
l'extérieur de grues, alternant avec des tiges de
pêcher chargées de fruits et volant au dessus des
flots de la mer qui occupent la base; à l'intérieur,
bordure mosaïque à quatre réserves d'objets
sacrés; au fond, une tige de pêcher portant trois
fruits.

Diam.. 0.23.

320 — Petit bol hémisphérique et son plateau, fond
bleu fouetté, à réserves lobées contenant des fleurs.

Haut.. 0.06; diam.. 0.16.

321 — Bol octogone à bord évasé, bordure vert pâle,
piquetée de noir à huit réserves de fleurs; sur
chaque pan, des arbustes fleuris.

Diam.. 0.155.

322 — Très petite tasse ovale à quatre lobes et anse
plate, formée par un dragon et émaillée en vert;
fond vert décoré de fleurs; le pied de la tasse
est formé par une fleur à quatre pétales. — Porcelaine émaillée sur biscuit.

Haut., 0.03.

323 — Deux gobelets à huit pans, ouverture légèrement évasée et pied cylindrique à base élargie;
décor en bleu sous couverte et émaux de la famille
verte, sur chaque pan, un rocher fleuri, avec
oiseaux et papillons.

Haut., 0.12.

324 — Tasse et soucoupe à bord godronné à grandes
dents, et décor de vases et objets sacrés.

Haut., 0.04; diam., 0.115.

325 — Tasse et soucoupe à bordure de zigzags tracés
en rouge; grande rosace à compartiments occupés
par des fleurs, autour de laquelle volent des
oiseaux.

Haut., 0.05; diam., 0.13.

326 — Tasse et soucoupe décorées par gaufrage de
poissons et de crustacés.

Haut., 0.045; diam., 0.125.

327 — Petit sucrier ovoïde, décoré de vases et objets
sacrés.

Haut., 0,065.

328 — Deux grandes soucoupes à bord évasé, décorées
de tiges fleuries semées.

Diam., 0,165.

329 — Boîte cylindrique, à trois compartiments superposés et couvercle capsulaire, fond quadrillé vert
et rouge, à réserve d'objets sacrés; sur le couvercle, médaillon contenant un enfant à cheval sur
un *Kilin*.

Haut., 0,14.

330 — Boîte quadrangulaire à quatre petits pieds, fond
vert à rinceaux fleuris noir; sur chaque face et sur
le couvercle, médaillons en réserve, contenant des
poissons. — Pied en bois de fer.

Diam., 0,10.

331 — Brique creuse, quadrangulaire, à deux faces et
bordures mosaïques; d'un côté, un intérieur; au
fond, un autel domestique; sur le devant, quatre
femmes surveillent les jeux d'un enfant placé sur
un tapis; au revers, des fleurs et un papillon.

Long., 0,25; diam., 0,16.

PORCELAINES COQUILLE D'OEUF

332 — Assiette creuse, dite *aux sept bordures.* — Revers rouge d'or.

Diam., 0.21.

333 — Deux assiettes creuses, à marli décoré d'une bordure de rinceaux à grosses fleurs polychromes; au centre, un médaillon circulaire, fond émaillé vert, portant une armoirie surmontée d'un casque à lambrequins; autour, quatre groupes de fleurs tracées en noir.

Diam., 0.21.

334 — Deux assiettes creuses, à marli décoré de trois bordures mosaïques; celle du milieu est coupée par trois réserves de fleurs; au fond, un vase rempli de fleurs et une coupe contenant des fruits odorants. — Revers rouge d'or.

Diam., 0.21.

335 — Assiette creuse, à quatre bordures de mosaïques et rinceaux dorés, dont l'une porte quatre médaillons ronds, fond jaune, contenant un dragon bleu, alternant avec quatre réserves de rinceaux dorés;

au fond, un rouleau déployé se détachant sur un fond mosaïque noir et montrant deux femmes surveillant deux enfants qui jouent avec des lapins blancs dans un intérieur meublé de tables et de vases.

Diam., 0.21.

336 — Deux assiettes creuses : sur le marli, trois tiges fleuries; au fond, un paysage avec personnages : un guerrier et une femme tenant un bâton levé.

Diam., 0.21.

337 — Assiette creuse : sur le marli, bordure mosaïque noire, à trois réserves de fleurs et trois rosaces dorées; au fond, une femme surveillant les jeux de trois enfants; autour d'elle, des vases, des livres et une table portant des vases.

Diam., 0.21.

338 — Deux assiettes creuses : sur le marli, quatre bouquets; au fond, une pivoine et une branche de pêcher en fleurs, au-dessus desquelles vole un oiseau.

Diam., 0.21.

339 — Deux autres : sur le marli, trois tiges fleuries ;
au fond, une branche de pivoine et un papillon.

Diam., 0,21.

340 — Assiette creuse : sur le marli, trois tiges fleuries ; au fond, une branche de pêcher et des pivoines.

Diam., 0,21.

341 — Deux assiettes creuses décorées, sur le marli et
au fond, de scènes de pêche.

Diam., 0,21.

342 — Compotier, à bordure rose, quadrillée de noir ;
fond bleu turquoise clathré, à grand médaillon
carré, à bords festonnés ; fond mosaïque rose, portant, en son centre et sur ses quatre côtés, des médaillons lobés, en réserve, occupés par des fleurs.
— Revers rouge d'or.

Diam., 0,20.

343 — Deux compotiers décorés en plein : deux
femmes debout, au bord d'une rivière ; l'une d'elles
tient un écran de la main gauche.

Diam., 0,20.

344 — Compotier décoré en plein : un paysage avec
deux femmes, dont l'une est assise sur un rocher
près duquel sont plantés deux bananiers.

Diam., 0.21.

345 — Compotier décoré de pivoines, de marguerites
et d'une branche de pêcher fleuri.

Diam., 0.19.

346 — Cinq compotiers décorés de tiges de pivoine et
de chrysanthèmes en fleurs.

Diam., 0.20.

347 — Sept assiettes creuses : sur le marli, trois tiges
fleuries ; au fond, un bouquet.

Diam., 0.21.

348 — Deux autres : sur le marli, trois tiges fleuries ;
au fond, un oiseau perché sur une branche entourée de fleurs.

Diam., 0.21.

349 — Grande soucoupe décorée de fonds partiels,
clathrés d'or, alternant avec des fleurs ; au centre,
un panier fleuri. — Revers rouge d'or.

Diam., 0.16.

FAMILLE ROSE

350 — Statuette de personnage barbu, à cheveux noirs relevés sur les côtés et formant deux cornes; il est vêtu d'une longue robe, fond rose, à grandes fleurs jaunes, laissant à découvert la poitrine et le ventre; il tient un sceptre de la main gauche et une pêche de longévité de la droite.

Haut., 0.31.

351 — Personnage couché, endormi, à barbe blanche, vêtu d'une longue robe rouge, à plastron carré noir et or; il s'appuye, du bras droit, sur un petit vase bursaire décoré, en son milieu, d'une guirlande de fleurs.

Long., 0.23.

352 — Personnage debout, vêtu d'une longue robe bleue, à rosaces, nouée par un cordon rouge, bordée de rinceaux d'or sur fond noir, largement ouverte et laissant à nu les épaules et le ventre; il tient, de la main gauche, un sac d'étoffe jaune, à petites rosaces rouges.

Haut., 0.185.

353 — Paire de flambeaux, formés d'un personnage

accroupi sur une base rectangulaire et soutenant à
deux bras, sur sa tête, un plateau ovale, au milieu
duquel est placé le godet pour la bougie.

Haut., 0,22.

354 — Coq debout, soutenu par un tronc d'arbre.

Haut., 0,37.

355 — Deux canards mandarins, à plumage multico-
lore, debout, sur terrasse.

Haut., 0,23.

356 — Canard couché, à plumage polychrome et bec
jaune.

Long., 0,15.

357 — Coq, à plumage polychrome, debout, sur terrasse émaillée en vert et jaune.

Haut., 0,18.

358 — Deux petites carpes, émaillées en rouge.

Long., 0,07.

359 — Garniture composée de trois vases hexagones,
à double paroi et panneaux réticulés à jour et dorés, portant des médaillons pleins réservés en
blanc et décorés de personnages et de fleurs; le

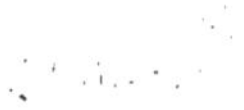

vase de milieu est à col et ouverture évasée ; les deux autres, à col droit et couvercle conique, à bouton formé par une fleur dorée.

Haut., 0,35.

360 — Paire de vases ovoïdes, à piédouche et ouverture cylindrique fermée par un couvercle capsulaire plat ; à la base et sur l'épaulement, bandes rouges décorées de rinceaux verts et bordées de dents à fond jaune et filets verts.

Haut., 0,18.

361 — Vase analogue, sans couvercle.

Haut., 0,155.

362 — Vase ovoïde, à petit col cylindrique et couvercle capsulaire surmonté d'un bouton sphérique ; fond rouge décoré de rinceaux et rosaces, réserves en blanc.

Haut., 0,27.

363 — Vase ovoïde, à ouverture cylindrique ; décor dit *à mandarins* ; fond d'or à rinceaux fleuris sur les faces, grands médaillons en réserve encadrés de filets et ornements d'or cernés de noir, et contenant des paysages avec des personnages finement peints ; sur les côtés, trois réserves superposées, à

encadrements analogues et occupés par des paysages et des fleurs ; le col porte un fond mosaïque
rouge et noir, et l'ouverture est bordée d'une
grecque noire sur fond d'or.

Haut., 0.33.

364 — Potiche turbinée, à ouverture cylindrique et
couvercle, fond rose, à rinceaux verts et grosses
fleurs de pivoine, alternant avec quatre médaillons
ronds en réserve, occupés par des dragons ; sur
l'épaulement, des lambrequins fond jaune, à fleurs ;
à la base, bordure de faux godrons.

Hau., 0.45.

365 — Vase, à corps et col cylindriques, et ouverture
évasée, à bord relevé ; décor plein : au pourtour,
un jardin avec pavillon ouvert, où des femmes se
livrent à différents jeux. — Autour de l'ouverture,
bordure mosaïque, à quatre réserves occupées par
le caractère *Longévité*.

Haut., 0.46.

366 — Potiche turbinée, à col cylindrique et couvercle ;
fond vert caillouté de noir et décoré de fleurs de
pêcher semées, de couleurs variées ; sur chaque
face, grand médaillon réservé en forme de feuille,

occupé par des tiges de pivoines fleuries en couleurs rehaussées d'or. — Pied en bois de fer.

Haut., 0,48

367 — Vase turbiné, à col cylindrique et ouverture évasée ; au pourtour, une audience impériale avec de nombreux personnages ; sur l'épaulement, large bordure de rinceaux fleuris, avec quatre médaillons circulaires occupés par le caractère *Bonheur* ; au col, bordure à fond vert pointillé de noir, avec réserves en arcades occupées par le caractère *Longévité*.

Haut., 0,46.

368 — Vase, à corps cylindro-ovoïde et col cylindrique, à ouverture élargie à bord relevé ; décoré en relief de vases et objets sacrés irrégulièrement jetés ; au col, un rocher fleuri ; émaux de la famille verte rehaussés d'or.

Haut., 0,44.

369 — Paire de vases, en forme de gourdes, à deux renflements et ouverture légèrement évasée ; fond céladon vert d'eau, à décor de lambrequins, rosaces et bouquets en rouge et or.

Haut., 0,40.

370 — Paire de potiches turbinées, à ouverture cylindro-conique, et couvercle à bouton formé par un
chien de Fô assis, doré; fond de rinceaux d'or, à
médaillons en réserve de différentes formes, et
encadrés de filets noirs; décor dit *à mandarins*;
sur les faces, des scènes familières; sur les côtés,
des fleurs, des oiseaux et des paysages.

Haut., 0.051.

371 — Vase hexagone, à six petits pieds festonnés, à
épaulement conique et ouverture garnie d'argent;
parois réticulées portant des médaillons de formes
variées, décorés de paysages avec des personnages en costume européen, des oiseaux et des
fleurs.

Haut., 0.19.

372 — Vase ovoïde, à col évasé, en porcelaine mince;
sur chaque face, médaillon lobé en hauteur, encadré d'un petit filet doré saillant et contenant un
paysage; sur les côtés, des branchages chargés de
fleurs, en relief.

Haut., 0.24.

373 — Petite potiche ovoïde, à ouverture conique, et
couvercle à bouton doré; décor dit *à mandarins* :

fond de rinceaux fleuris dorés; sur chaque face, grand médaillon encadré de rinceaux ornemanisés et cernés de noir, contenant des paysages avec personnages; sur ces côtés, trois petits médaillons superposés, contenant des oiseaux, des fleurs et des paysages en camaïeu rouge.

Haut., 0,21.

374 — Vase turbiné, à petit col cylindrique; fond gros bleu, décor en reliefs, bleu turquoise et blanc jaunâtre; au pourtour, des rochers fleuris; à la base, les flots de la mer; sur l'épaulement, colliers de perles entre-croisés, avec rosaces et pendentifs.

Haut., 0,28.

375 — Deux petits vases ovoïdes, à col évasé; fond émaillé rose gravé de rinceaux a feuilles et décoré d'un bouquet de fleurs polychromes; l'intérieur est émaillé en vert d'eau.

Haut., 0,165.

376 — Deux petites potiches turbinées, à col cylindrique et couvercle surmonté d'un bouton; fond émaillé rose portant des rosaces et des fleurs semées, et quatre réserves, deux réniformes et deux en forme d'éventails, occupées par des fleurs.

Haut., 0,30.

377 — Paire de bouteilles piriformes, à col évasé
coupé par un renflement orné de quatre rosaces
dorées ; décor de bandes roses en spirales.

Haut., 0.19.

378 — Bouteille piriforme, à piédouche et col évasé ;
divinité debout sur une embarcation, portant une
corbeille de fleurs suspendue derrière elle à l'extrémité d'un bâton, et suivie d'un enfant debout
sur une large feuille placée sur les flots, et tenant à
deux mains une pêche de longévité.

Haut., 0.21.

379 — Aiguière hexagone aplatie, à piédouche et couvercle surmonté d'un chien de Fô doré ; anse et
goulot en S, à six pans multicolores, issant de
gueules de dragons dorés ; bordures mosaïques ;
décor de fleurs et animaux chimériques ornemanisés ; sur les faces, le caractère *Longévité* doré en
relief sur fond rouge, et formant médaillon.

Haut., 0.30.

380 — Pitong rectangulaire, à quatre petits pieds ;
fonds de mosaïques alternativement rose et bleu
pâle, portant sur les faces un médaillon circulaire
saillant, décoré en relief d'un oiseau chimérique et

de rinceaux; sur les côtés, médaillon lobé en réserve, contenant un génie debout sur les nuages.

Haut., 0,12.

381 — Grand plat, à bordure de rinceaux entrelacés bleu et rouge, ornés de feuille d'acanthe vertes; sur la chute, bordure bleue à ornements d'or; au centre, une iris et une orchidée, sur laquelle est posée une chenille.

Diam., 0,50.

382 — Grand plat à marli décoré, en émail blanc, de rinceaux à fleurs et grandes feuilles; au centre, un paysage avec fabriques et cours d'eau chargé d'embarcations.

Diam., 0,39.

383 — Plat creux, à bord évasé et doré, décor plein; un personnage, monté sur un cheval rouge, semble fuir deux femmes également à cheval, dont l'une joue d'une petite mandoline et l'autre porte un coffret; derrière elles, un serviteur; à la partie supérieure, bande de nuages, au-dessus de laquelle paraissent des toits et des murs crénelés, et l'extrémité d'armes de guerre.

Diam., 0,36.

384 — Deux plats, portant au centre deux écus d'alliance armoriés, surmontés d'un casque à grands lambrequins et cimier formé par un phénix aux ailes déployées; sur le marli, répétition du cimier, un paysage et des groupes de fleurs et objets sacrés.

Diam., 0.32.

385 — Plat, à marli décoré d'une bordure mosaïque, à huit réserves losangées et lobées, contenant des fleurs de nélumbo ornementales; au fond, un rouleau déployé orné d'un paysage, et posé sur un bouquet de pivoines et de chrysanthèmes.

Diam., 0.35.

386 — Plat creux, à bassin profond et marli portant une bordure mosaïque à huit réserves losangées et lobées, renfermant des fleurs de nélumbo ornementales; au fond, un pêcher en fleurs, des pivoines et des bambous.

Diam., 0.36.

387 — Un autre, de même forme, décoré sur le marli d'une bordure mosaïque festonnée; sur la chute, seconde bordure de même nature; au fond, des meubles et des vases de fleurs.

Diam., 0.365.

8

388 — Petit plat décoré, au centre, d'un cartouche fond rouge, à ornements d'or, portant deux écus d'alliance armoriés et surmonté d'une couronne de marquis ; sur le marli, quatre groupes de fleurs, et sur la chute, bordure quadrillée, en bleu sous couverte.

Diam., 0.26.

389 — Petit plat, à fond quadrillé chamois ; sur le marli, quatre réserves occupées par des perroquets sur perchoir et d'autres oiseaux émaillés en bleu ; au fond, un chien courant.

Diam., 0.265.

390 — Deux plats, portant au centre un cartouche aux armes de la famille d'Oultremont, entouré du collier de Saint-Michel et surmonté d'une couronne de comte ; sur le marli, des bouquets ; sur la chute, bordure mosaïque.

Diam., 0.32.

391 — Plat creux, décoré d'un grand médaillon en forme de fleur de nélumbo, dont le centre est occupé par des tiges de pivoine et de pêcher en fleurs.

Diam., 0.275.

392 — Plat à marli orné d'une bordure vert pâle, piquetée de noir et chargée de grosses fleurs et
coupée par quatre réserves occupées par des tiges
de pêcher en fleur; au fond, deux femmes s'entretenant devant un pavillon où l'on voit, par une ouverture circulaire, un homme jouant d'un instrument
à cordes posé sur une table.

Diam., 0.355.

393 — Deux petits plats à bord lobé et doré, décorés
de larges feuilles multicolores et de branchages
fleuris sur lesquels sont perchés des oiseaux et un
écureuil.

Diam., 0.285.

394 — Deux petits plats à marli décoré de groupes de
fleurs et de bambous émaillés en blanc; au fond, deux
perdrix picorant sous des tiges fleuries de pivoine,
de chrysanthème et de pêcher.

Diam., 0.26.

395 — Deux petits plats à marli rouge décoré de rinceaux fleuris réservés en blanc; au fond, des ba-
lustrades d'où partent des tiges légères chargées
de fleurs. En dessous, un numéro gravé, indiquant la provenance du musée de Dresde.

Diam., 0.27.

396 — Petit plat à bordure de lambrequins bruns
pailletés bordés de ramages bleus, jaunes et rouges,
alternant avec des groupes de fleurs; au centre,
un écran posé sur un bouquet.

Diam., 0.25.

397 — Deux plats à bord évasé, côtelé et dentelé. —
Porcelaine de Chine décorée en Hollande : fond
d'or à fleurs et feuillages rouges; au centre, un paysage avec personnages en costume du temps de
Louis XV, jouant des instruments; au pourtour,
quatre médaillons avec sujets de chasse.

Diam., 0.28.

398 — Bouteille à corps sphérique et col cylindrique
décoré de deux chiens de Fô; à la naissance du
col, bordure à lambrequins, fond rouge à rinceaux
réservés en blanc et dorés; surdécoration hollandaise de personnages pseudo-chinois en couleurs et or.

Haut., 0.235.

399 — Deux assiettes à bordure de fonds partiels d'or
quadrillés de blanc et médaillons ovales à encadrements fond vert d'eau imbriqué de noir, contenant
des poissons; au fond, trois personnages en riche
costume assis autour d'une petite table et mangeant

des poissons; derrière eux, un serviteur debout,
et une balustrade sur laquelle est perché un
paon.

Diam., 0.23.

400 — Compotier du même service.

Diam., 0.22.

401 — Assiette à bord évasé, fond rouge décoré de
rinceaux d'or et d'une réserve en forme de rouleau
contenant un paysage. — En dessous, cachet à la
date de *Kien-Long*. — 1736-1795.

Diam., 0.21.

402 — Assiette décorée, sur le marli, de trois tiges
fleuries en noir rehaussé d'or; au fond, dans un
encadrement de rinceaux dorés, deux femmes pren-
nent leur repas, assises à une table et servies par
une suivante accompagnée d'un enfant, dans un
jardin, au bord d'un étang, sur l'autre rive duquel
est placée une habitation.

Diam., 0.23.

403 — Assiette fond rouge d'or décorée, en réserve, de
deux rouleaux déployés, superposés, à revers
mosaïques et portant un coq sur un tertre et des
fleurs; sur le marli, deux fleurs de chrysanthème.

Diam., 0.225.

404 — Deux assiettes à bordure rouge quadrillée d'or, décorées, sur le marli, de rosaces et rinceaux en émail blanc; au fond, un coq, un grand papillon et un rocher entouré de pivoines.

Diam.. 0.225.

405 — Deux assiettes décorées, au centre, de deux écus d'alliance surmontés d'un casque à grands lambrequins bleu et or, et cimier formé par un phénix aux ailes déployées; sur le marli, répétition du cimier, deux groupes de fleurs et objets sacrés, et un paysage symétriquement disposés.

Diam.. 0.225.

406 — Assiette à bordure de bâtons rompus bleus et blancs portant cinq grues dorées dont les ailes sont arrondies en médaillons, alternant avec cinq poissons dorés; au centre, une grue tenant dans son bec des tiges fleuries.

Diam.. 0.215.

407 — Deux assiettes à bord lobé, à décor dit *de broderie*, de fleurs et rinceaux en émail blanc; sur la chute, bordure de rinceaux émaillés en bleu.

Diam.. 0.23.

408 — Deux assiettes octogones à bordure de lambrequins bleu turquoise quadrillés et portant une petite rosace se détachant sur un fond violet décoré de huit fleurs de nélumbos symétriques; au centre, grande réserve occupée par un paysage : une femme portant un enfant sur son dos, attend, debout sur le rivage, l'arrivée d'un bateau dirigé par une autre femme auprès de laquelle se tient un enfant.

Diam., 0.195.

409 — Assiette octogone, décorée, au centre, d'un grand coquillage et d'un crabe, entourés de plantes aquatiques.

Diam., 0.21.

410 — Assiette à marli décoré d'une bordure mosaïque pavée bleu turquoise, à trois réserves de fleurs; au fond, deux coqs et un rocher entouré de pivoines roses.

Diam., 0.22.

411 — Deux assiettes à bord festonné à bordure de rinceaux, rosaces, palmettes et fonds partiels; au fond, un cartouche doré portant une armoirie et entouré de rocailles et ornements dans le genre de Watteau.

Diam., 0.25.

112 — Quatre assiettes à bordure quadrillée et fleuronnée rouge et or, décorées, au centre, d'un personnage européen en costume de comédie et dans des
attitudes grotesques.

Diam., 0.21.

413 — Deux assiettes creuses décorées de grosses
fleurs de pivoine et de branches de pêcher à fleurs
roses et blanches, parmi lesquelles volent des oiseaux.

Diam., 0.23.

414 — Deux assiettes à fond vermiculé brun chargé
de fleurs, sur lequel se détache une grande réserve
en forme de rouleau déployé, à revers mosaïques
roses, et représentant une scène où l'on voit un
homme escaladant un mur pour rejoindre une jeune
femme aux pieds de laquelle il a jeté ses bottes.

Diam., 0.23.

415 — Deux assiettes à bordure composée de quatre
médaillons encadrés de rocailles et de grosses
fleurs et contenant alternativement un poisson et
un oiseau; au fond, un bouquet de grosses fleurs.

Diam., 0.23.

416 — Six petites assiettes creuses décorées de fleurs.

Diam., 0,165.

417 — Une autre décorée d'un bouquet de pivoines, de
de marguerites et de graminées.

Diam., 0,165.

418 — Deux assiettes à bordure d'entrelacs fond rouge
et lilas à filets d'or et feuilles d'acanthe vertes à
revers jaune ; au centre, dans une bordure d'ornements dorés sur fond bleu sous couverte, une iris et
une orchidée sur laquelle est posée une chenille ;
au-dessus, un papillon.

Diam., 0,26.

419 — Deux grandes soucoupes à décor semblable.

Diam., 0,155.

420 — Deux soucoupes plus petites, à décor identique
exécuté en bleu sous couverte et or.

Diam., 0,13.

421 — Deux compotiers en porcelaine mince, à bordure
de grecques d'or sur fond noir ; fond de petites
rosaces rouges, à quadrillages noirs ponctués
d'émail vert aux points d'intersection ; au fond,

grande réserve circulaire occupée par un paysage
avec personnages à mi-jambe. — Décor dit *à mandarins*.

Diam., 0.22.

422 — Compotier quadrilobé, à décor dit *à mandarins*;
bordure filigranée d'or, à quatre réserves de paysages en camaïeu rose, et quatre petits médaillons
décorés de branchages en noir ; au fond, deux
femmes et quatre enfants, dans un intérieur, regardent un combat de coqs.

Diam., 0.20.

423 — Compotier décoré de grandes tiges de pivoines
et de chrysanthèmes. — En dessous, un numéro
gravé, indiquant la provenance du musée de Dresde.

Diam., 0.22.

424 — Deux assiettes fond rouge d'or, portant sur le
marli trois réserves de formes variées, décorées de
paysages, et alternant avec trois fleurs de chrysanthèmes émaillées en blanc ; au fond, grande réserve
en forme de grenade occupée par un paysage aqua-
tique où l'on voit une barque avec un pêcheur et sa
famille.

Diam., 0.23.

425 — Plateau décoré d'une frise circulaire composée
d'une inscription à caractères multicolores ; au centre, un brûle-parfums tripode, dont le couvercle est
surmonté d'un lapin blanc. — En dessous, une
inscription de trois caractères.

Diam., 0.21.

426 — Plateau formé par une feuille de nélumbo verte
à nervures pourpres, bords repliés et trois petits
pieds formés par des tiges terminées par une fleur
dressée sur le bord ; au fond, un coq perché sur un
rocher entouré de pivoines en fleurs.

Diam., 0.19.

427 — Petit plateau ovale terminé en pointes, à bord
festonné ; fond noir à rinceaux fleuris polychromes,
et réserve contenant un coq ; bordure mosaïque rose
à quatre réserves de fleurs.

Larg., 0.12.

428 — Petit plateau oblong, à bord lobé et festonné, à
partie centrale mosaïque lilas à réserves de fleurs,
sur fond bleu turquoise clathré ; bordure mosaïque
rose, à réserves de rinceaux polychromes.

Larg., 0.13.

429 — Petit plateau oblong, à quatre lobes ; bordure

bleu turquoise quadrillée ; fond mosaïque rose,
divisé en quatre compartiments, et portant un médaillon central occupé par un vase de fleurs et une
coupe à sacrifice. — Revers rouge d'or.

Larg., 0.13.

430 — Petit plateau hexagone, à bord relevé et lobé,
fond d'or clathré, à trois réserves de fleurs ; au centre, un médaillon contenant un coq.

Diam., 0.13.

431 — Petit plateau de même forme, fond mosaïque
rose, à fleurs ornementales dorées, et trois réserves de fleurs ; au centre, un panier fleuri et une
coupe de fruits.

Diam., 0.13.

432 — Petit plateau de même forme, à bordure de rinceaux fleuris en or ; au fond, une femme assise sur
un divan ; derrière et à côté d'elle, des tables chargées de vases contenant des fleurs et des fruits.

Diam., 0.135.

433 — Petit plateau de même forme, fond mosaïque
noir portant trois médaillons occupés par des rinceaux à fleurs roses ; au centre, un panier fleuri et

une coupe de fruits dans un médaillon entouré d'un
fond d'or clathré.

Diam., 0.125.

434 — Petit plateau de même forme, à bordure noire
quadrillée d'or, à trois réserves occupées par des
grecques ; seconde bordure de rinceaux fleuris ; au
fond un paysage avec rochers noirs rehaussés d'or.

Diam., 135.

435 — Coupe ovoïde, à trois pieds et plateau, composés de chauves-souris multicolores, volant dans
les nuages.

Haut., 0.06 ; diam., 0.15.

436 — Deux petites coupes en forme de fruit, fond noir,
à côtes séparées par des filets verts ; du pédoncule
part une tige chargée de feuilles en relief, qui se
répand sur un des côtés ; du même côté, un papillon
rouge et or.

Larg., 0.07.

437 — Deux petites coupes ovales, fond vert d'eau
décoré d'imbrications et fleurettes en noir, enve-
loppées par les ailes de deux chauves-souris rouges,
à rehauts d'or, dont les têtes dépassent le bord de
la coupe.

Larg., 0.075.

438 — Bol campanulé, à bord relevé, à bordure intérieure rose, quadrillée de noir ; à l'extérieur, bordure de lambrequins clathrés d'or, sur fond vert
pâle mosaïque ; au pourtour, un paysage maritime.

Diam., 0.12.

439 — Boîte à thé du même service.

Haut., 0.13.

440 — Deux bols hémisphériques, à bordure intérieure, verte, quadrillée de noir, à quatre réserves
de fleurs ; à l'extérieur, trois tiges fleuries de pivoines et de chrysanthèmes.

Diam., 0.14.

441 — Trois bols ovoïdes, à quatre lobes à décor dit *à
mandarins* ; sur deux faces, des scènes familières ;
sur les deux autres, des paysages en camaïeu rose,
séparés par des bandes perpendiculaires, à fond de
fleurs d'or, et portant, au milieu, un petit médaillon
ovale décoré de branchages en noir.

Diam., 0.14.

442 — Bol hémisphérique, émaillé extérieurement en
rouge d'or ; à l'intérieur, un groupe de fleurs et de
cédrats, chiens de Fô.

Diam., 0.14.

443 — Petit bol hémisphérique, émaillé extérieuremen
en rose ; à l'intérieur, une fleur de pivoine.

Diam., 0.10.

444 — Bol hémisphérique, décoré extérieurement d'une
bordure de lambrequins à fond émaillé en bleu,
quadrillé et décoré de fleurs de pivoine ; de la base
partent trois bouquets d'œillets dressés ; au fond,
une branche de pivoine et un papillon.

Diam., 0.14.

445 — Petit bol campanulé, fond bleu émaillé, gravé
de rinceaux et décoré de trois tiges fleuries en couleurs. — En dessous, un cachet à la date de *Kien-
long*. — 1736-1795.

Diam., 0.12.

446 — Petit bol affectant la forme d'une fleur, à deux
rangs de pétales superposés jaunes et roses, et dont
le cœur est figuré au fond du bol ; deux anses latérales dorées, formées par des branches de vigne
dont les tiges, chargées de feuilles et de grappes,
se répandent au pourtour.

Diam., 0.11.

447 — Petit bol hémisphérique, à bord légèrement

évasé, décoré de branches fleuries, de pivoines et
de pêcher.

Diam., 0.115.

448 — Deux petits bols hémisphériques et plateaux, à
bords dentelés, décorés de grandes feuilles multicolores et de fleurs ornementales.

Haut., 0.06; diam., 0.16.

449 — Bol hémisphérique, à bord évasé et bordure
quadrillée vert pâle, à quatre réserves contenant
des fleurs et des fruits; au fond, groupe de fleurs
et de fruits; au pourtour, un rocher fleuri, avec
deux coqs et une poule entourée de ses poussins.

Diam., 0.15.

450 — Deux bols hémisphériques, à bord évasé et festonné; fond mosaïque noir, à deux réserves, à bords
contournés, contenant un rocher fleuri avec deux
coqs; à l'intérieur, bordure mosaïque, fond rose à
trois réserves en forme d'écran et ornées de fleurs.

Diam., 0.155.

451 — Deux sucriers ovoïdes, à couvercle bombé surmonté d'un bouton; décor de grosses fleurs entou-

rant des médaillons encadrés de rocailles et contenant des poissons.

Haut.. 0.15.

452 — Théière sphérique, à couvercle bombé, surmonté d'un bouton doré placé au centre d'une rosace rose, et goulot tubulaire réservé en blanc ; bordures vertes quadrillées de noir : fond d'or clathré, à quatre réserves contenant des corbeilles fleuries et des coupes de fruits odorants.

Haut.. 0.135.

453 — Théière à corps sphérique et couvercle, fond mosaïque, ornés de médaillons dorés et ajourés en saillie ; l'anse et le goulot sont formés de chiens de Fô, bleu turquoise, à tête émaillée en jaune.

Haut.. 0.12.

454 — Pot à lait couvert, à bordures fond bleu turquoise quadrillées de noir : fond d'or clathré formant lambrequins, entre lesquels se dressent des tiges de pivoine en fleurs ; sur la face, un panier fleuri.

Haut.. 0.12.

455 — Pot à lait couvert, à bordure verte quadrillée de noir, à réserves contenant des rinceaux en couleurs :

9

fond mosaïque pavé en rouge et noir ; au culot, bordure festonnée bleu pâle, clathré de noir ; sur la
face, médaillon contenant un vase où sont placés une
plume de paon, un panier fleuri et une coupe de
fruits.

Haut., 0.13.

456   Pot à lait couvert, à bordure verte, quadrillée de
noir ; fond d'or orné de rinceaux verts, à fleurs polychromes, sur lequel se détachent les pointes de
huit panneaux de mosaïques, pavées de tons variés,
partant de la base et bordés d'un filet gros bleu.

Haut., 0.12.

457   Pot à lait couvert, fond clathré d'or entourant
quatre réserves en hauteur, encadrés d'un filet vert
et contenant des tiges fleuries.

Haut., 0.125.

457 *bis*. — Boîte à thé du même service.

Haut., 0.13

458 — Deux boîtes à thé de forme aplatie, à pans coupés, et ouverture cylindrique fermée par un couvercle capsulaire ; sur les deux faces, les armes de
France, surmontées de la couronne royale et entou-
rées des colliers du Saint-Esprit et de Saint-Michel ;
sur les côtés et la partie supérieure, des fleurs et des

coupes remplies de fruits; sur les pans coupés, des rinceaux fleuris en or.

Haut., 0.185.

459 — Boîte à thé ovoïde, à piédouche entouré de rinceaux ajourés en relief, et couvercle bombé surmonté d'un bouton; fond noir orné de rinceaux verts à fleurs polychromes, et deux médaillons en réserve contenant des coqs.

Haut., 0.13

460 — Une autre, de même forme, décorée au pourtour d'une large bande de rinceaux verts, à fleurs polychromes sur lesquelles volent des papillons noirs à rehauts d'or.

Haut., 0.135.

461 — Une autre, à six lobes, décorée au pourtour d'un paysage avec rochers noirs rehaussés d'or et coupés par de petits nuages en blanc, bleu et rouge.

Haut., 0.135.

462 — Boîte cubique, fond vert; sur chaque face, panneau quadrillé de noir, au milieu duquel est un médaillon en losange, décoré d'un poisson jaune sur fond violet; sur le couvercle, des poissons et

des coquillages au milieu des flots indiqués par des
rinceaux noirs. — Monture en bronze ajouré.

Haut. totale. 0.125.

463 — Deux cages à mouches, sphériques, ajourées, à
petite ouverture circulaire, fermée par un couvercle; fond réticulé et médaillons à encadrements
mosaïques, contenant des fleurs.

Diam.. 0.09.

464 — Tasse et soucoupe, à bordure quadrillée rose,
à trois réserves de fleurs; fond noir, décoré de
fleurs aux vives couleurs, et médaillons réservés
contenant un coq sur terrasse.

Haut. 0.04; diam.. 0.115.

465 — Tasse et soucoupe, à bordure mosaïque rose, à
trois réserves de rinceaux dorés; fond clathré d'or,
à trois cachets et trois réserves de fleurs; médaillon central lobé, bordé d'un filet bleu et occupé
par une femme assise, ayant un enfant auprès d'elle
et jouant de la mandoline.

Haut., 0.04; diam., 0.115.

466 — Deux tasses et soucoupes, à bordures quadrillées de noir; médaillon en forme de feuille, entouré de rinceaux d'or et contenant un paysage

avec deux cavaliers tartares accompagnés d'un serviteur.

Haut., 0.045; diam., 0.135.

467 — Deux tasses et soucoupes, à bordure rose quadrillée à quatre réserves de fleurs; fonds partiels
superposés : l'un clathré d'or, l'autre mosaïque
rose, à médaillons circulaires, en réserve, contenant une fleur.

Haut., 0.035; diam., 011.

468 — Trois tasses et soucoupes, à bordure quadrillée
rose, et seconde bordure étroite bleu turquoise, à
rinceaux noirs. Scène familière: une femme, assise dans un intérieur, tient devant elle un enfant qui regarde un lapin blanc.

Haut., 0.04; diam., 0.115.

469 — Tasse et soucoupe, à bordure quadrillée rose,
à quatre réserves de rinceaux dorés; fond bleu
turquoise clathré, à réserve, en forme de feuille
entourée de fleurs d'or et contenant une divinité
et sa suivante, dessinées en noir.

Haut., 0.04 ; diam., 0.11.

470 — Tasse et soucoupe, à bordure quadrillée de
noir; fond d'or clathré à quatre réserves de fleurs;

au fond, un écu armorié, surmonté d'un casque à
lambrequins rouges et or, et cimier formé d'une
épée dressée.

Haut., 0.035 ; diam., 0.11.

471   Deux tasses et soucoupes, à bordure fleuronnée,
décorées en rouge et or de deux tons de tiges fleuries et d'un cartouche surmonté d'une couronne
de marquis et portant un chiffre enlacé.

Haut., 0.035 ; diam., 0.115.

472   Deux tasses, ovoïdes, à deux ressauts, et soucoupes creuses, à bord doré et festonné ; fond quadrillé rouge, à réserves de fleurettes rouges et or ;
au fond de la soucoupe et dans deux réserves de
la tasse, cartouche entouré de guirlandes, surmonté d'une couronne et portant un chiffre enlacé.

Haut., 0.055 ; diam., 0.125.

473 — Deux tasses et soucoupes, à bordure rose quadrillée, décorées de rinceaux fleuris et d'un médaillon occupé par une bergère, en costume Watteau, tenant une houlette et faisant paître ses
moutons, assise sous une draperie rose.

Haut., 0.04 ; diam., 0.11.

474 — Tasse et soucoupe, à bordure mosaïque pavée
rose, à trois cachets émaillés en blanc et trois réserves de fleurs ornementales en noir et or; décor
de vases et objets sacrés, en noir rehaussé d'or et
de couleurs.

Haut., 0,04; diam., 0,115.

475 — Tasse et soucoupe, à bordure de rinceaux fleuris en or, délimitée par des filets noirs; décorées
de tiges de pivoines sur lesquelles sont perchés
des oiseaux huppés.

Haut., 0,04; diam., 0,12.

476 — Tasse et soucoupe, décorées de fonds partiels
mosaïques; au centre, un panier fleuri.

Haut., 0,04; diam., 0,105.

477 — Tasse et soucoupe, à bordure rose quadrillée;
décorées de perdrix picorant dans un pré, auprès
d'un rocher entouré de pivoines.

Haut., 0,04; diam., 0,115.

478 — Tasse et soucoupe, à double bordure, l'une de
rinceaux d'or, l'autre de fleurs polychromes; décorées d'un rocher fleuri, portant, sur la tasse, un
fong-hoang, et, dans la soucoupe, un faisan.

Haut., 0,04; diam., 0,11.

479 — Tasse et soucoupe, à bordure quadrillée verte ;
fond d'or clathré et grande rosace à six dents, contenant des fleurs et portant, au centre, un panier
fleuri.

Haut., 0,04 ; diam., 0,11.

480 — Tasse et soucoupe, décorées extérieurement
d'un fond noir sur lequel courent des tiges de pêcher en fleurs ; à l'intérieur, décor de bandes curvi-
lignes, à fond émaillé alternativement en noir,
lilas, jaune et vert, et décorées de tiges fleuries.

Haut., 0,04 ; diam., 0,12.

481 — Tasse et soucoupe, à bordure de rinceaux fleuris, en or, délimitée par des filets noirs ; décorées
de tiges de pivoine en fleurs, portant deux oiseaux
à longue queue.

Haut., 0,035 ; diam., 0,115.

482 — Trois tasses et soucoupes, affectant la forme
d'une fleur de chrysanthème, dont les tiges, chargées de fleurs et détachées, forment anse et support.

Haut., 0,04 ; diam., 0,11.

483 — Tasse et soucoupe à fond veiné imitant le bois

d'acajou, décoré d'un cerf jaune, d'une biche
blanche et d'une branche de pêcher en fleurs.

Haut., 0,03; diam., 0,010.

484 — Deux tasses et soucoupes fond émaillé noir, décoré de tiges fleuries en couleur et réserves, formant rosace, dans la soucoupe, et contenant des
fleurs.

Haut., 0,035; diam., 0,115.

485 — Tasse et soucoupe à bordure verte quadrillée à
quatre réserves de rinceaux; fond mosaïque rose
cerné par des rinceaux verts et entourant des tiges
fleuries.

Haut., 0,04; diam., 0,11.

486 — Tasse et soucoupe à bord dentelé, affectant la
forme d'une fleur de nélumbo rose, accompagnée
d'une tige chargée de fleurs et feuilles en relief et
et formant support.

Haut., 0,04; diam., 0,11.

487 — Tasse et soucoupe à bordure mosaïque pavée
rose; décorées d'un paysage montueux traversé par
un cours d'eau chargé d'embarcations.

Haut., 0,04; diam., 0,11.

488 — Tasse et soucoupe affectant la forme d'une fleur
de pivoine rose à pétales bordés d'un filet d'or, et
dont le pédoncule doré se rattache à une tige garnie de feuilles formant relief et soutenant la soucoupe; à l'intérieur, des tiges de fleurettes.

Haut., 0,035; diam., 0,11.

489 — Tasse et soucoupe à bord doré et bordure
quadrillée noire; fond de mosaïque noire chargé de
fleurs, et réserves à bords dentelés occupée par
un rocher sur lequel est perché un coq, et entouré
de pivoines en noir et or.

Haut., 0,04; diam., 0,11.

490 — Deux tasses coniques et soucoupes décorées de
trois éventails symétriquement disposés, à feuille
fond émaillé rose et décoré de fleurs.

Haut., 0,035; diam., 0,11.

491 — Cinq tasses de même forme et soucoupes, à
décor analogue; les feuilles des éventails sont à
fond d'or.

Haut., 0,035; diam., 0,11.

492 — Tasse hémisphérique et soucoupe, à fond de
broderies en émail blanc et médaillons lobés décorés de fleurs d'or.

Haut., 0,05; diam., 0,145.

493 — Tasse et soucoupe à bordure de fleurs en or de
deux tons, et médaillon lobé décoré d'un rocher
fleuri sur lequel est perché un oiseau.

Haut. 0,04 ; diam.. 0,115.

494 — Tasse-gobelet et soucoupe à bordure d'or quadrillée à réserves de rinceaux ; au pourtour de la
tasse, trois cachets dorés ; au culot, bordure de
dentelures émaillées en bleu ; au fond de la soucoupe, rosace à rayons émaillés en bleu.

Haut. 0,075 ; diam. 0,14.

495 — Tasse-gobelet à double paroi ; la paroi extérieure
réticulée à jour d'alvéoles teintées en vert et portant
trois rosaces rouges et trois ouvertures quadrilobées en hauteur ; la paroi intérieure est décorée de
poissons en bleu sous couverte rehaussé d'or.

Haut.. 0,07.

496 — Tasse et soucoupe fond d'or quadrillé à réserves
de fleurs.

Haut.. 0,04 ; diam.. 0,11.

497 — Tasse et soucoupe fond d'or à rinceaux fleuris
et réserves en forme de feuilles occupées par des
animaux.

Haut.. 0,04 ; diam.. 0,105.

498 — Tasse et soucoupe en porcelaine mince, à bords
lobés, et décorées en or à rehauts de rouge et de
noir : un personnage assis, en costume hollandais,
met un oiseau dans une cage qu'une jeune fille
tient sur ses genoux.

Haut., 0.04 ; diam., 0.11.

499 — Tasse et soucoupe à bord lobé en porcelaine
mince, à ceinture fond bleu à rinceaux d'or et rosace
rouges, coupée par trois médaillons, en forme de
feuilles, occupés par des fleurs, des fruits et des
objets sacrés.

Haut., 0.04 ; diam., 0.115.

500 — Tasse et soucoupe à bordure de fleurs d'or ; décorées en noir : Saint Ignace de Loyola debout devant un autel et tenant un livre ouvert où on lit : *Ad
majorem Dei gloriam*.

Haut., 0.04 ; diam., 0.12.

501 — Tasse et soucoupe à bordure de rinceaux dorés ;
décorées de deux grues au bord d'un ruisseau où
l'on voit des poissons rouges.

Haut., 0.04 ; diam., 0.115.

502 — Tasse et soucoupe à bordure mosaïque noire à
trois réserves de rinceaux ; fond d'or clathré et

médaillon lobé décoré en noir d'un paysage où
l'on voit une femme traversant un pont, et suivie
d'une servante.

Haut., 0,04 ; diam., 0,115.

503 — Deux tasses et soucoupes à bordure noire quadrillées d'or, décorées d'un paysage avec rochers
noirs et or traversés par des nuages multicolores.

Haut., 0,04 ; diam., 0,12.

504 — Deux tasses et soucoupes à bordure de rinceaux
fleuris polychromes : au pourtour de la tasse et au
fond de la soucoupe, une corbeille remplie de
fleurs et une coupe de fruits, en noir et or.

Haut., 0,04 ; diam., 0,12.

505 — Tasse et soucoupe à bordure de pampres dorés ;
au fond de la soucoupe et de chaque côté de la
tasse, l'arrière d'un navire portant un chiffre enlacé
en or, surmonté d'une couronne princière, soutenue
par un singe et un sauvage couronné d'or.

Haut., 0,04 ; diam., 0,12.

506 — Tasse et soucoupe à bordure de fonds partiels
d'or clathré et mosaïque vert pâle, entourant un
paysage maritime.

Haut., 0,04 ; diam., 0,11.

507 — Tasse et soucoupe à bordure quadrillée de noir
à quatre réserves de rinceaux dorés; fonds partiels
bleu turquoise clathré, bordés de rinceaux d'or;
bouquets d'argent dessinés en noir.

Haut., 0.04; diam,. 0.12.

508 — Tasse et soucoupe bordées de filets noir et or;
fond d'or à fleurs noires et réserves à bord lobés,
occupées par deux personnages dans un intérieur :
un homme en robe rose écoute une jeune femme
assise devant une table et jouant d'un instrument
à cordes.

Haut., 0,04; diam., 0,115.

509 — Tasse à anse et soucoupe à bordure mosaïque
vert pâle à trois réserves de rinceaux verts; fond
d'or clathré à réserve, à bords découpés et lobés,
contenant un coq perché sur un rocher entouré de
pivoines.

Haut., 0,06; diam., 0,115.

510 — Tasse à anse et soucoupe à fonds partiels
mosaïques lilas et bleu turquoise, à réserves de
fleurs; au fond, un panier fleuri et une coupe de
fruits.

Haut., 0,06; diam., 0,115.

511 — Tasse et soucoupe à bord doré ; décor dit *à mandarin*, fond vermiculé d'or à médaillons occupés par des fleurs et grandes réserves, contenant des scènes familières.

Haut., 0.045 ; diam., 0.12.

512 — Tasse et soucoupe fond rouge d'or à réserves, terminées en ogive et disposées en rosaces dans la soucoupe, décorées de tiges fleuries en émail bleu.

Haut., 0.04 ; diam., 0.115.

513 — Tasse et soucoupe fond rouge d'or à réserves circulaires, contenant des fleurs d'or.

Haut., 0.04 ; diam., 0.12.

514 — Tasse et soucoupe à bordure rose quadrillée, à trois réserves de rinceaux verts à fleurons d'or ; fond de rinceaux fleuri à réserve occupée par un groupe de fleurs et de fruits.

Haut., 0.04 ; diam., 0.115.

515 — Tasse et soucoupe à bordure mosaïque rose, décorées de deux coqs, dont l'un est perché sur un rocher entouré de pivoines roses.

Haut., 0.035 ; diam., 0.11.

516 — Tasse et soucoupe à fond émaillé vert, vermi-

culé de noir et décoré de coquillages, objets sacrés
et fleurs de pêcher semées; l'intérieur de la tasse
est décoré d'une rosace et d'une bordure en bleu
sous couverte.

Haut., 0,04; diam., 0,09.

517 — Deux tasses et soucoupes décorées d'un fond
partiel mosaïque bleu pâle, sur lequel sont symétriquement disposés trois éventails à monture
d'ivoire et feuille décorée de fleurs.

Haut., 0,04; diam., 0,11.

518 — Tasse et soucoupe à bordure rose quadrillée,
décorées de rinceaux fleuris et de fonds partiels
mosaïques, alternativement rose et bleu turquoise,
séparés par des bandes roses quadrillées; au centre,
une rosace.

Haut., 0,04; diam., 0,115.

519 — Tasse et soucoupe à bords lobés, en porcelaine
mince à gaufrages imitant les pétales d'une fleur;
bordure à quatre fonds partiels noirs, décorés de
rinceaux d'or; au-dessous, quatre médaillons de
fleurs et médaillon central, à encadrement noir et
or, contenant un bouquet.

Haut., 0,04; diam., 0,115.

520 — Tasse et soucoupe à bordure verte, quadrillée
de noir; fond mosaïque pavé lilas à points d'émail
bleu, coupé par trois réserves de fleurs; médaillon
central lobé, bordé de filets dorés, se détachant en
réserve sur un fond bleu turquoise, et contenant un
panier fleuri et une coupe de fruits.

Haut., 0.04; diam., 0.115.

521 — Deux tasses et soucoupes à bordure quadrillée
rose à quatre réserves de rinceaux; au pourtour,
des fleurs détachées; médaillon central lobé à fond
clathré d'or, encadré d'un filet bleu fleuronné et
contenant un paysage avec sujet érotique.

Haut., 0.035; diam., 0.115.

522 — Deux tasses et soucoupes à bordures roses,
quadrillées de noir; lambrequins clathrés d'or,
entourant un panier fleuri.

Haut., 0.04; diam., 0.115.

523 — Deux tasses et soucoupes à bords festonnés;
fond vert clathré, portant des rosaces symétriques,
sur lequel se détache une rosace à six dents,
dont les divisions sont bordées d'un filet doré et
décorées de fleurs; au centre, un cédrat main de Fô
en or.

Haut., 0.04; diam., 0.115.

524 — Tasse et soucoupe, à bordure verte quadrillée, à
trois réserves de rinceaux émaillés en bleu partant
d'une petite rosace d'or; fonds partiels d'or à rinceaux fleuris, alternant avec des fleurs; au centre,
fond d'argent gravé, à réserve contenant un panier
fleuri.

Haut., 0,04 ; diam., 0,11.

525 — Tasse et soucoupe, à bordure rose quadrillée,
coupée par deux fonds partiels, à bords lobés composés de rinceaux fleuris, et alternant avec deux
coqs ; au centre, une rosace.

Haut., 0,045 ; diam., 0,13.

526 — Deux tasses coniques et soucoupes, décorées
d'une ceinture de fleurs; au fond, une branche de
pivoine sur laquelle est posé un papillon.

Haut., 0,035 ; diam., 11.

527 — Tasse et soucoupe, à bordure de rinceaux fleuris
en or délimitée par des filets noirs; décorées de
pivoines en fleur, sur lesquels sont perchés deux
oiseaux huppés.

Haut., 0,004 ; diam., 0,115.

528 — Tasse et soucoupe, à bordure vert pâle quadrillée
de noir; fond rose caillouté, à fleurs et rinceaux

d'or et quatre réserves de fleurs : au fond, un panier
fleuri et une coupe de fruits.

Haut., 0.04 ; diam., 0.12.

529 — Tasse et soucoupe, à bordure vert pâle quadrillée
de noir, à trois réserves de fleurs ; fond mosaïque
rose, à trois réserves lobées occupées par des coqs ;
au centre, médaillon circulaire, contenant des
fleurs et des fruits et encadré d'une bordure festonnée fond bleu turquoise clathré.

Haut., 0.035 ; diam., 0.11.

530 — Tasse à anse et soucoupe, à bordure fleuronnée
d'or ; fond d'or clathré à grande réserve, en forme
de feuille, décorée d'un paysage, avec rocher entouré de pivoines et deux oiseaux.

Haut., 0.065 ; diam., 0.12.

531 — Tasse et soucoupe, à bordure vert pâle quadrillée
de noir ; fond d'or clathré, à grande réserve, à
bords découpés, occupée par un coq perché sur un
rocher entouré de pivoines ; deux cachets carrés,
contenant des caractères.

Haut., 0.04 ; diam., 0.115.

532 — Tasse à anse et soucoupe, à bordure de lambre-

quins à grandes dents, fond émaillé bleu quadrillé
d'or portant des fleurs de pivoine rose.

Haut., 0,055; diam., 0,11.

533 — Tasse à anse et soucoupe, à bordure de rinceaux
et rocailles, décorées d'un cartouche de rocailles à
réserve centrale, entourée de palmes vertes et contenant une branche de corail.

Haut., 0,07; diam., 0,135.

534 — Tasse à anse et soucoupe, à bordure rose quadrillée, et fond de rinceaux fleuris à réserves, à
bord dentelé et doré, contenant des fleurs : sur le
devant de la tasse, un panier fleuri.

Haut., 0,06; diam., 0,115.

535 — Tasse ovoïde et soucoupe, à quatre lobes, à
décor dit *à mandarin*; fond de rinceaux fleuris en
or, à médaillons décorés de fleurs en rouge et noir,
et grande réserve, à sujet familier : un intérieur où
deux femmes et quatre enfants regardent un combat
de coqs.

Haut., 0,06; diam., 0,135.

536 — Tasse, à anse et soucoupe, à bordure de rinceaux
fleuris en or; au fond, un paysage où un homme

suivi d'une femme s'entretient avec un jeune homme en robe verte, sous un saule à feuillage d'or.

Haut., 0,055; diam., 0,12.

537 — Deux tasses, à anse et soucoupes, à bordure verte quadrillée; fonds particls clathrés d'or, alternant avec des bouquets; sur le devant de la tasse et au fond de la soucoupe, un panier fleuri.

Haut., 0,055; diam., 0,115.

538 — Deux tasses et soucoupe fond rouge d'or, à réserves, en forme de feuille, contenant un paysage dessiné en noir.

Haut., 0,04; diam., 0,11.

539 — Tasse et soucoupe fond d'or clathré, à réserves encadrées de rinceaux verts et contenant des fleurs; au centre, un coq et un rocher fleuri.

Haut., 0,04; diam., 0,11.

540 — Tasse et soucoupe, à bordure vert pâle quadrillé; fond mosaïque lilas, à trois réserves de fleurs; médaillon central hexagone en réserve, se détachant sur un fond bleu turquoise à bordure jaune et contenant un panier fleuri et une coupe de fruits.

Haut., 0,04; diam., 0,115.

541 — Deux tasses, à bordures vertes quadrillées; fonds partiels clathrés d'or, alternant avec des bouquets; au fond, un panier fleuri.

Haut. 0,04 ; diam., 0,115.

542 — Tasse et soucoupe, à fond d'or clathré, formant des lambrequins entre lesquels sont des bouquets argentés; au centre, un bouquet en or et argent.

Haut., 0,04 ; diam. 0,115.

543 — Deux tasses et soucoupes à bordure quadrillée rose; fond mosaïque bleu pâle, sur lequel se détachent quatre éventails, à feuille d'or décorée de fleurs, symétriquement disposés.

Haut., 0,035 ; diam., 0,105.

544 — Tasse et soucoupe à bordure verte quadrillée, à trois réserves de rinceaux; fond de bâtons rompus en or, à réserves en forme de feuille occupées par un groupe de fleurs et de fruits sur lequel est placé un insecte.

Haut., 0,04 ; diam., 0,11.

545 — Deux tasses et soucoupes à bordure quadrillée rose, à trois réserves de rinceaux; fond partiels de fleurs portant trois médaillons lobés occupés par

des fleurs; un fond, un rocher fleuri avec un faisan perché.

Haut., 0.04; diam., 0.115.

546 — Tasse et soucoupe à bordure de fleurs finement peintes; fond mosaïque lilas, à réserves en forme de feuille entourée de fleurs et contenant un rocher fleuri sur lequel est perché un faisan.

Haut., 0.04; diam., 0.115.

547 — Deux tasses et soucoupes à bordure quadrillée rose, à quatre réserves de rinceaux; fond partiels de rinceaux dorés alternant avec des groupes de fleurs et de fruits; au centre, un bouquet et des papillons.

Haut., 0.04; diam., 0.115.

548 — Deux tasses et soucoupes à bords lobés, décorées d'oiseaux aquatiques en or, au bord d'un étang entouré de rochers émaillés en bleu.

Haut., 0.04; diam., 0.115.

549 — Tasse et soucoupe à bord lobé et doré, en porcelaine blanche à gaufrages imitant les pétales d'une fleur et portant trois sauterelles dorées.

Haut. 0.04; diam., 0.12.

550 — Tasse et soucoupe à bordure bleu turquoise
clathrée, délimitée par des dragons d'or ornemanisés, et entourant un paysage montueux avec
constructions sur pilotis au bord d'un lac.

Haut., 0.035 ; diam., 0.105.

551 — Tasse à anse et soucoupe du même service.

Haut., 0.065 ; diam., 0.105.

552 — Deux tasses-gobelets couvertes, et quatre soucoupes à pans coupés, décorées de paniers fleuris ;
les pans coupés sont décorés de tiges de marguerites dressées sur fond noir.

Haut., 0.08 ; diam., 0.12.

553 — Deux tasses et soucoupes en porcelaine mince à
bords lobés, décorées, en or rehaussé de rouge,
d'un paysage avec un enfant et un buffle portant
sur son dos un oiseau noir.

Haut., 0.04 ; diam., 0.11.

554 — Tasse et soucoupe à bords lobés, à gaufrages
imitant les pétales d'une fleur. Porcelaine blanche.

Haut., 0.04 ; diam., 0.11.

555 — Très petite tasse et soucoupe à bordure de

pampres en or, et médaillon octogone à bords lobés,
contenant un rocher et un arbrisseau en fleur sur
lequel sont perchés deux oiseaux.

Haut.. 0,025 ; diam.. 0,09.

556 — Tasse et soucoupe à bords lobés, en porcelaine
mince, à gaufrage imitant les pétales d'une fleur; à
bordure quadrillée noire, et décoration (exécutée
en Hollande) représentant un paysage où un berger
et une bergère Watteau font paître des moutons.

Haut.. 0,04 ; diam.. 0,115.

557 — Tasse et soucoupe côtelées, à bord brun, décorées (en Angleterre) de tiges de roses, sur lesquelles
sont perchés des perroquets.

Haut.. 0,04 ; diam.. 0,115.

558 — Grande soucoupe décorée en bleu sous couverte rehaussé d'or et émaux de la famille verte ; le
le bord est ajouré d'anneaux entre-croisés ; au fond,
des chrysanthèmes.

Diam.. 0,15.

559 — Soucoupe creuse, à bord évasé, décorée de pa-
vots en fleurs.

Diam.. 0,15.

560 — Deux grandes soucoupes, à bordure de lambrequins lilas, à filet doré ; au centre, une grande palmette lilas, à nervures d'or et revers blancs, se détachant sur un fond jaune clouté de noir.

Diam., 0.15.

561 — Deux grandes soucoupes, à bordure de médaillons symétriques ovales, à bordure rouge et or, décorés de fleurs ; au centre, un bouquet polychrome à rehauts d'or.

Diam., 0.155.

562 — Deux grandes soucoupes, décorées de branches de pivoines rouges et jaunes, et d'un papillon.

Diam., 0.18.

563 — Quatre soucoupes semblables, plus petites.

Diam., 0.15.

564 — Soucoupe, à bordure bleue turquoise, coupée par trois réserves de rinceaux ; fonds partiels mosaïques roses, alternant avec des groupes de rinceaux fleuris ; au centre, un panier de fleurs et une coupe remplie de cédrats, dans un médaillon lobé, s'enlevant sur un fond clathré d'or.

Diam., 0.13.

565 — Lot d'environ vingt-cinq soucoupes variées.

PORCELAINES ET TERRES ÉMAILLÉES
DU JAPON

566 — Personnage debout, vêtu d'une longue robe
chamois clair, à rosaces noires et bleues; la tête
non émaillée est couronnée par un nœud de ruban
émaillé en bleu et relevant les cheveux; à côté du
personnage, tronc d'arbre surmonté d'un couvercle
percé de trous et monté en bronze doré.

Haut., 0,15

567 — Personnage assis, la main gauche appuyée sur
le sol, la droite relevée; la tête non émaillée est
légèrement renversée en arrière; les cheveux tom-
bant sur le front, les yeux levés au ciel, la bouche
ouverte, lui donnent une expression farouche; la
robe émaillée en chamois est décorée d'arabesques
noires; une gourde est suspendue à son côté
gauche, par un cordon bleu passant sur l'épaule.

Haut., 0,15

568 — Garniture de cinq pièces : trois grosses potiches
couvertes et deux cornets, à renflement médian;
décor bleu, rouge et or; bordure de lambre-

quins ; à la base, de faux godrons ; au pourtour, des tiges de pivoines, parmi lesquelles volent des fong-hoangs. — Socles en bois sculpté et doré.

Haut. des potiches, 0.69.
Haut. des cornets, 0.64.

569 — Deux vases en forme de carpes, dressées au-dessus des flots.

Haut., 0.37.

570 — Vase cylindrique, à deux anses en S dorées, et couvercle bombé surmonté d'un écureuil doré, assis sur une feuille de vigne portant une grappe de raisin. — Décor bleu, rouge et or, de tiges fleuries de pivoines et de pêcher, coupées par des bandes horizontales fond bleu, ornées de fleurs de chrysanthèmes rouges à feuillages dorés.

Haut., 0.22.

571 — Paire de gourdes, à deux renflements et col légèrement évasé, décorées en vert, jaune et manganèse, de personnages debout et assis sous des lataniers et des arbres à grosses fleurs ; bordures quadrillées ; autour de l'ouverture, des dents de loup.

Haut., 0.32.

572 — Deux vases d'applique en forme de courges, por-

tant sur le devant une tige en relief, chargée de
feuilles et de fruits; décor de branchages fleuris de
pivoines et de chrysanthèmes, partant de haies
placées à la base; au culot, une fleurs de chrysanthème armoriale.

Haut., 0.21.

573 — Paire de petits seaux ovoïdes, décorés, en bleu,
rouge et or, de rochers entourés de branchages
chargés de fleurs. — Monture en argent, à la base
et au bord.

Haut., 0.135.

574 — Petit vase ovoïde à couvercle plat, à décor polychrome rehaussé d'or; au pourtour, des fleurs:
sur l'épaulement, des lambrequins. — Satzuma.

Haut., 0.07.

575 — Flacon ovoïde à petit col cylindrique, à couverte
marbrée de violet aubergine et bleu turquoise. —
Pied et petit couvercle en argent.

Haut., 0.155.

576 — Plat creux décoré en bleu, rouge, et or et émaux
de la famille verte; bordure de tiges de pivoines
sur fond bleu et quatre réserves de fleurs; au
centre, des tiges fleuries.

Diam., 0.36.

577 — Plat décoré en bleu, rouge et or; bordure bleue à
fleurs de chrysanthèmes à feuillages d'or et réserves
en forme de rouleaux irréguliers; au centre, un
vase rempli de fleurs.

Diam., 0.40.

578 — Deux plats creux à bordure dentelée à compartiments quadrillés, variés de couleurs. Au fond, une
tortue sacrée, deux grues et une tige de chrysanthème.

Diam., 0.28.

579 — Bol campanulé, fond rouge décoré en or; au
pourtour, des médaillons contenant des paysages
et des animaux; à l'intérieur, des inscriptions en
caractères cursifs; au fond, dans un médaillon, un
homme et une femme, en riches costumes, se pro-
menant sous des arbres, au bord de la mer. — Porcelaine de *Kaga*.

Diam., 0.14.

580 — Deux bols campanulés, décorés en bleu sous
couverte et émaux de la famille verte; au pourtour,
trois lambrequins fond vert piqueté de noir, à fleurs
d'or, entre lesquels sont des tiges fleuries d'œillets
et de chrysanthèmes; à l'intérieur, des lis d'eau.

Diam., 0.21.

581 — Bol hémisphérique décoré en bleu sous couverte
émaux de la famille verte et or; au pourtour, des
rinceaux fleuris en rouge et or portant deux grands
médaillons fond vert à fleurs d'or et deux demi-
chrysanthèmes armoriales; à l'intérieur, des tiges
fleuries de pivoines et de chrysanthèmes.

Diam., 0.25.

582 — Petit bol cylindrique fond rouge, coupé par des
filets bleus et décoré, en vert, au pourtour, d'enfants
portant divers attributs.

Haut., 0.065.

583 — Deux coupes hémisphériques à tige cylindrique
et pied élargi décorées en bleu, rouge et or; au
pourtour, des tiges fleuries entourant un vase à deux
anses et deux médaillons contenant des paysages;
autour de la tige, des rinceaux et des fleurons en
rouge et or; le pied est décoré en or sur fond bleu.

Haut., 0.10.

584 — Coupe hémisphérique surbaissée, à couvercle
légèrement bombé, surmonté d'un animal chimérique et décoré de mosaïques sur fond d'or; au
fond, un personnage combattant un animal fantas-
tique. — Satzuma.

Diam., 0.11.

585 — Coupe hémisphérique surbaissée, à décor polychrome et or; au fond, un personnage sacré, à tête
nimbée d'or; au pourtour, nombreux personnages
assemblés, dans un paysage.

Diam., 0.125.

586 — Soupière montée en argent, composée d'un bol
campanulé, décoré de branchages de pêcher en
fleurs et de trois médaillons fond rouge; couvercle décoré de tiges fleuries.

Haut., 0.23; diam., 0.245.

587 — Petit plateau, à large bordure quadrillée rouge,
coupée par trois médaillons oblongs lobés; fond
vert, alternant avec trois autres plus petits de
forme ronde, fond rouge, décorés de fleurs ornementales en or; au fond, un paysage. — En dessous, fausse date chinoise de *Young-lo* (1403-
1425).

Diam., 0.18.

588 — Deux petites assiettes, à bord dentelé, décorées
d'une grue armoriale, dont les ailes déployées
contournent les bords.

Diam., 0.185.

589 — Deux grandes soucoupes, à fond de rosaces

blanches, cernées de noir, juxtaposées, portant, au centre, dans une réserve, une tortue sacrée, en bleu sous couverte, autour de laquelle sont disposés six médaillons alternativement décorés de branches de pin, bambou et pêcher, en bleu sous couverte, et d'un fond vert, piqueté de noir, entouré par un dragon doré.

Diam., 0.185.

590 — Deux plateaux, décorés en bleu sous couverte, et émaux de la famille verte; fond quadrillé rouge, coupé par trois fonds partiels, rouges, à fleurs d'or, et trois groupes de fleurs ornementales. — En dessous, inscriptions de quatre caractères.

591 — Plateau, à bords festonnés, à trois pieds formés par des têtes chimériques, décoré en relief; sur le marli, des dragons, non émaillés, volant parmi des nuages émaillés en bleu, blanc et brun, sur fond céladonné gravé; au centre, deux grues au bord de la mer.

Diam., 0.245.

592 — Deux plateaux octogones, à bord relevé et marli étroit, décoré d'une bordure de fleurs symétriques;

11

au fond, un paysage, où jouent trois enfants ; l'un d'eux est tombé dans un vase rempli d'eau, qu'un de ses camarades brise avec une pierre ; l'autre l'aide à sortir.

Diam., 0,20.

593 — Deux tasses hémisphériques couvertes, et soucoupes, décorées en bleu sous couverte et émaux de la famille verte, rehaussés d'or ; tiges de pivoine et de chrysanthème, coupées par une bande d'ornements dorés sur fond bleu, portant deux médaillons circulaires occupés par des dragons.

Haut., 0.07 ; diam., 0.14.

594 — Tasse hémisphérique et soucoupe, en truité chamois ; fond émaillé vert, semé irrégulièrement de petites rosaces bleu et or, de médaillons réniformes contenant des paysages en or et de cartouches à inscriptions dorées. — Kioto.

Haut., 0.04 ; diam., 0.13.

595 — Tasse et soucoupe, à bordure de rinceaux d'or, décorées, en bleu rouge et or, de paysage sur fond émaillé noir.

Haut., 0.04 ; diam., 0.12.

596 — Deux tasses et soucoupes fond rouge, à rinceaux d'or et réserves occupées par des fonghoangs. — Kaga.

Haut., 0.045; diam.. 0.14.

597 — Deux tasses hémisphériques et soucoupes, décorées de fonds partiels rouges à rinceaux et fleurs d'or.

Haut., 0.045; diam., 0.135.

598 — Deux tasses semblables, plus petites.

Haut., 0.035; diam., 0.105.

TABATIÈRES ET BIJOUX

599 — Boîte ovale du temps de Louis XVI, en écaille noire garnie de galons, à torsades en or en relief, et montée à gorge à charnière en or.

Le dessus est orné d'un médaillon ovale peint sur émail, représentant un groupe de deux personnages finement peint en grisaille, sur fond brun.

600 — Boîte à cage en or gravé, à grecques et feuilles, garnie de plaques de bois pétrifié. Époque Louis XVI.

601 — Boîte ronde, en vernis rouge de Martin, galonnée d'argent posé. Le dessus représente un sujet
pastoral dans le goût de Boucher.

602 — Boîte ronde, en vernis de Martin guilloché, à
fond doré, et à rayons décorés en rouge et vert al-
ternés.

603 — Boîte ronde, en poudre d'écaille violette incrustée de filets d'or; elle est galonnée d'or. Époque
Louis XVI.

604 — Bonbonnière ronde, en écaille blonde, à pois
d'or, gravée, incrustée et galonnée d'or. Même
époque.

605 — Drageoir ovale, en écaille et argent. Le dessus
est incrusté de nacre et d'argent gravé. Époque
Louis XIV.

606 — Boîte ovale en agate mousseuse très bien
évidée.

607 — Petite boîte rectangulaire, en jaspe vert. Le
dessus est incrusté d'une mosaïque de Rome, de
forme ovale, représentant le Capitole.

608 — Bonbonnière ronde et profonde, en cuivre
émaillé, à fond vert et à médaillons de personnages
dans le goût de Watteau. Époque Louis XV.

609 — Très petite boîte ovale, en agate orientale montée en argent gravé et doré. Le dessus est formé
d'un camée sur agate, représentant un phénix.

610 — Lorgnette formée d'un cylindre en cuivre
émaillé, décoré de fleurs polychromes, et à bandes
vertes haut et bas. Elle est garnie en argent.
Époque Louis XVI. Dans son étui en galuchat.

611 — Jolie petite miniature ovale sur ivoire, par *Gué-
rin*. — Vénus assise, prenant une flèche dans un
carquois placé près d'elle.

612 — Miniature ovale sur ivoire, par *Isabey*. — Portrait de Napoléon Ier en costume du sacre.

613 — Miniature ronde sur ivoire. — Portraits de deux
enfants.

614 — Miniature ovale, du temps de Louis XVI. —
Portrait d'homme vêtu d'un habit bleu. Elle est
montée dans un médaillon en or, avec parquet de

cheveux au revers, sur lequel sont appliquées les lettres A et C en or découpé.

615 — Petite croix de cou, en or émaillé noir, à ornements réservés, et offrant sur l'autre face des grenats gravés et émaillés blanc, portant les instruments de la Passion. Époque Louis XIII.

616 — Dessus de boîte ovale, en ancienne porcelaine de Saxe, décoré de sujets familiers, dans le goût de Watteau. Il est monté dans un cadre en bronze doré, surmonté d'un nœud de ruban.

617 — Pièce d'échiquier en ivoire sculpté, représentant une reine vue à mi-corps, s'échappant d'une gaine sculptée, à feuilles. XVIIe siècle.

618 — Trois pièces en cristal de roche : un cachet et deux socles.

619 — Trois peintures sur émail, dont deux rondes, représentant des portraits de femmes, et une ovale, à sujet composé de deux personnages.

620 — Six bas-reliefs en biscuit de Sèvres, de formes variées, à figures blanches sur fond bleu.

OBJETS VARIÉS

621 — Bénitier des premières années du XIIIe siècle, en cuivre champlevé, conservant des traces d'émail et avec faces saillantes rapportées.

Il est évasé à sa partie supérieure et repose sur un piédouche bas. Son décor consiste en huit arceaux à plein cintre supportés par des colonnettes à torsades. Sous chacun des arceaux se présente une figure de saint personnage debout, nimbé et vêtu de long.

Le pied présente une couronne de trèfles imitant des fleurs de lis.

Cette pièce fort rare a été reproduite dans LA MESSE, *études archéologiques sur ses monuments, par Ch. Rohault de Fleury.*

Haut., 0,16; diam., 0,20.

622 — Coffret oblong, à couvercle en toit, en cuivre doré garni de plaques de cristal de roche, taillées à biseaux et de chatons de pierreries. Le fond intérieur, en cuivre ciselé et doré, est décoré d'une rosace et de rinceaux. Époque Louis XIII.

Haut., 0,12; long., 0,16.

623 — Deux flambeaux en cristal de roche avec pieds

évidés et à volutes. Un des pieds présente sur une
de ses faces, dans un médaillon ovale, la tête de la
Vierge de profil, gravée en creux.

Haut., 0.24.

624 — Deux petites boites rondes et à couvercle en cuivre champlevé et émaillé à rosaces, feuillages et
ornements blancs, noirs et bleus. xvie siècle.

Diam., 0.06.

625 — Râpe à tabac, en ivoire sculpté, formée d'une
figure de femme vêtue à l'orientale. Le dessus est
formé d'une plaque portant en bas-relief la figure
de la Justice assise et des armoiries. Époque
Louis XIV.

Haut., 0.19.

626 — Gobelet à couvercle en verre très finement
gravé, à ornements, petits paysages, chiffre couronné et armoiries. xviie siècle.

Haut., 0.17.

627 — *La Porcelaine de Chine*, par O. du Sartel. — In-
folio, sur papier du Japon. Exemplaire n° 3.

OBJETS VARIÉS DE L'ORIENT

628 — Petit cabinet fermant à deux portes et contenant huit tiroirs, en ancien laque noir du Japon, à riche décor de paysages en or en relief.

Haut., 0.17; larg., 0.17.

629 — Deux petites boîtes ovales, reposant sur des supports à quatre pieds en argent ciselé, à feuillages et fleurs découpés à jour, et rapportés sur un fond de filigrane. Travail du Tonkin.

Haut. totale, 0.075; larg., 0.080.

630 — Très petit cabinet, à trois tiroirs et à une porte placée à une de ses extrémités, en ancien laque du Japon, à fond noir et à décor de paysages et de cours d'eau en or en relief.

Haut., 0.074; long., 0.88.

631 — Vase de forme conique et à gorge à sa partie supérieure, en bronze ciselé et doré, reposant sur trois pieds bas formés d'arbustes dont les ramures et les fleurs se développent en bas-relief sur la panse du vase. Ancien travail chinois.

Haut., 0.19.

632 — Petite coupe de forme oblongue à une anse, en
bronze ciselé et doré, à ornements en relief. Ancien
travail chinois.

Haut., 0.08 ; larg., 0.13.

633 — Petite coupe hémisphérique en filigrane d'argent, avec fleurs et rosaces émaillées rapportées.
Travail oriental.

Haut., 0.037 ; diam., 0.065.

634 — Plateau de forme contournée en ivoire sculpté,
à tête d'oiseau, et rehaussé de peinture. Travail
chinois.

Long., 0.19.

BRONZES D'ART

635 — Groupe en bronze du temps de Louis XIV :
Enlèvement par le Centaure. — Patine brun clair.

Il repose sur un socle oblong, à contours en bois de placage
garni d'ornements rocaille et de fleurs en bronze ciselé et doré.

Haut. totale, 0.51 ; larg., 0.31.

636 — Deux petits groupes en bronze de même époque,
représentant des sujets de bacchanales. Dans l'un,
un enfant est à califourchon sur un banc, et il est

accompagné par un autre enfant et un petit satyre.
L'autre représente un sujet analogue, mais avec
une panthère.

Chacun d'eux repose sur un socle plaqué d'écaille, garni de
bronze ciselé.

Haut. totale, 0.27 ; larg., 0.20.

637 — Deux statuettes en bronze vert : Molière et Cor-
neille assis.

Haut., 0.33.

638 — Deux bas-reliefs, en bronze doré, représentant
les quatre évangélistes groupés deux à deux. Dans
des cadres en bronze ciselé et doré, décorés de
palmettes et de feuilles. Epoque Louis XIV.

Haut., 0.27 ; larg., 0.27.

639 — Deux bas-reliefs rectangulaires, en bronze, représentant le Printemps et l'Automne figurés par
des femmes drapées à demi couchées, tenant, l'une
des fleurs, et l'autre une coupe et une grappe de
raisin. Epoque Louis XVI.

Haut. sans cadre, 0.08 ; long., 0.15.

640 — Deux plaquettes rectangulaires, représentant en

bas-relief des sujets mythologiques : Vénus et Adonis, et Satyre poursuivant une nymphe. XVIᵉ siècle.

Haut., 0.074 ; larg., 0.127.

641 — Deux médaillons ovales, en bronze surmontés de nœuds de rubans. Ils renferment les bustes en bas-relief du Christ et de la Vierge, en bronze doré en partie. XVIIᵉ siècle.

Haut. totale, 0.165 ; larg., 0.120.

642 — Socle carré, en bronze, orné aux angles de cariatides d'animaux chimériques ailés, reliés par des festons de fruits. Travail italien.

Haut., 0.48 ; larg., 0.115.

BRONZES D'AMEUBLEMENT

643 — Belle pendule du temps de Louis XIV, en forme d'œil-de-bœuf, en bronze ciselé, avec large cadran à cartouches émaillés, surmonté d'un mascaron. Les côtés sont ornés d'appliques ciselées et repercées à jour, et elle est terminée à sa partie supérieure par une figure d'Amour assis.

Haut., 0.55.

644 — Deux girandoles, en bronze doré de même époque,
à six branches porte-lumières s'échappant de mascarons têtes de femmes et d'une tige à balustre
orné. Le pied rond à gorge est décoré de feuilles
ciselées.

Haut., 0.35.

645 — Deux grands flambeaux, du temps de Louis XIV
en bronze ciselé, à tige carrée et cannelée, garnie
de petites consoles reposant sur un pied large à
palmettes et rinceaux ciselés, enrichi de quatre
mufles de lion rapportés.

Haut., 0.29.

646 — Deux vases, en spath fluor, montés en bronze
ciselé et doré. Ils présentent autour de leurs panses
des mascarons surmontés de feuilles et ils reposent
sur des sphinx couchés, placés au-dessous d'un
socle à draperies et reposant sur un autre socle à
rinceaux ciselés et découpés. Travail anglais du
temps de Louis XVI.

Haut., 0.33.

647 — Deux presse-papiers en marbre jaune antique
de forme carrée, surmontés d'un aigle aux ailes
éployées, en bronze ciselé et doré. Époque
Louis XVI.

Haut., 0.120; larg., 0.092.

PANNEAUX SCULPTÉS ET MEUBLES

648 — Très beau panneau rectangulaire en hauteur, en bois sculpté en bas-relief. Au centre, une nymphe danse en s'accompagnant d'un tambour de basque. Elle repose sur un motif d'ornements supporté par deux cariatides de femmes, se terminant en rinceaux que surmontent des coupes de fruits. Dans le haut, un dais élégant est suspendu à un nœud de rubans qui relient aussi deux festons de fleurs tenus également par deux oiseaux voltigeant. — Cadre à gorge sculpté à feuilles et à ruban enroulé.

Précieux travail du temps de Louis XVI, et de la plus grande finesse d'exécution.

Haut., 1ᵐ.09 ; larg., 0.70.

649 — Joli meuble de salon, du temps de Louis XVI, composé de deux fauteuils à dossier plein, de deux autres fauteuils et de quatre chaises à lyre, en bois finement sculpté et peint en blanc, couverts d'ancien damas de soie bleu clair.

650 — Petit bureau de dame, du temps de Louis XVI, en marqueterie de bois à quadrillages et à montures en cuivre.

Larg., 0.79.

651 — Petite table à ouvrage du temps de Louis XV, en bois de rose, et dessus ouvrant à deux petits volets.

Larg., 0.60.

652 — Deux petites consoles-appliques, modèle cintré et à gorge en cuivre et écaille rouge, garnis de bronze ciselé. Époque Louis XIV.

Haut., 0.14 ; larg., 0.13.

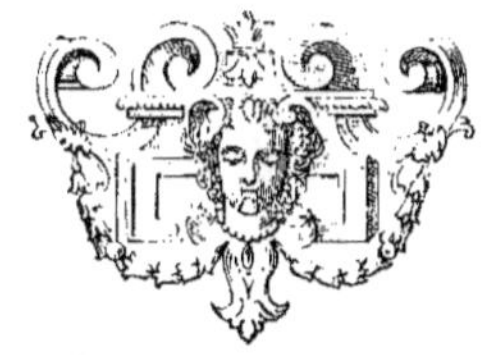

IMPRIMERIE PILLET ET DUMOULIN
RUE DES GRANDS-AUGUSTINS, 5, A PARIS